Georg Hirschfeld

Der Bergsee

Georg Hirschfeld

Der Bergsee

ISBN/EAN: 9783743370265

Hergestellt in Europa, USA, Kanada, Australien, Japan

Cover: Foto ©Andreas Hilbeck / pixelio.de

Manufactured and distributed by brebook publishing software (www.brebook.com)

Georg Hirschfeld

Der Bergsee

Georg Hirschfeld

Der Bergsee.

Dresden.
Verlag von Georg Bondi.
1896.

I

Diesseits über dem flachen Seeufer stand Walands Haus, des Wirtes am Bergsee und des einzigen Menschen, der in dieser Einsamkeit sich angesiedelt hatte. Das Dorf lag fern und hier nicht sichtbar an der Straße, dort, wo sie am See vorüber bis zu dessen Ende führte, welches in scharfer Biegung um den Abhang der bewaldeten Vorberge griff.

Das Haus war in gleichen Abständen vom See, dem seine Brust sich zukehrte, und von den Bergen, die seinen Rücken beschatteten, angelegt, und bis zur halben Berghöhe hatte Mathias, Walands Knecht, wehendes Gras geführt zur Weide für die beiden dunklen Kühe. Höher hinauf dann rauschten südliche Lärchen und zeichneten die feingezackte Linie ihrer Wipfel in den Morgenhimmel.

Den Abhang vor dem Hause zum See hinunter deckte eine Wiese, belebt von den Orangesternen der Kamillenarten und blauen Glocken über violett gesundem Klee. Lichtgeflügelte Insekten spielten über dem Duft, und in den Kelchen tranken die vertieften Bienen.

Über dem Hause rauschte es. — Eine Wildkastanie, die im Sommer rote Blüten trug, gab mit ihren breiten Fächern Schatten in die Rasenfläche, wiegte sich vom Winde durchzittert und neckte die Sonnenstrahlen, welche gar zu gern hindurchschlüpfen und etwas von dem Schatten unten übergolden wollten.

Eine Bank stand unter der Kastanie. Es gab einen herrlichen Blick von dort auf den See hinaus und jenseits auf das Hochgebirge, welches, den König in seiner höchsten Mitte, die Gipfelzacken in der Sonne blinken ließ. Zur Tiefe hin verschwamm es in ein wunderbares Blau und sank mit schrägen Felsenrissen rötlich in das Wasser nieder.

Der See war weit und gewaltig.

Noch tönten die Morgenglocken vom Dorfe her. Eine wundervolle Frische lag über See und Bergen. Es atmete soviel Sonne und jüngstes Licht, daß noch

kein reiner Tageston die Weite füllen konnte, und
Sonnenfunken auf dem Wasser und den Bergen auf
und niederhuschten.

Jetzt regte es sich in Walands Haus. Mathias
öffnete die Stallpforte, welche zur Rechten der Hausthür lag und durch des Knechtes Kammer zu den
Kühen führte. Er war allmorgendlich der erste wach
und dieser guten Eigenschaft sich wohl bewußt, denn
er kam jetzt in den jungen Morgen hinaus, als müßte
der erst seines Urteils harren, und er ihn besichtigen
und gut heißen. Es war Mathias eigentümlich die
schläfrigen Thränenaugen starr geradeaus ins volle
Licht zu richten, den weißen Schädel mit der kolossalen
Nase vorgestreckt, soweit sein Arbeitsrücken dies erlaubte.

Nun humpelte er, die nackten Füße in den Holz-
pantinen schleifend, über das feuchte Gras zum Ufer
hinunter. Hier führte ein Steg ins Wasser, leichte
Brandung schaukelte unter den Brettern und spritzte
zuweilen bis hinauf. Drei Boote lagen an Ketten
längs des Steges in kaum merklich schwankender Bewegung. Mathias griff in die Ketten, daß sie ineinander klirrten, dann ging er über den Steg bis
an den Rand und blieb dort stehen, eine Weile

regungslos, im angenehmen Hauch der Kühle unter ihm.

Nur leises Wellenklatschen und die Vögel hinten auf den Bergen waren hörbar. Jetzt zog Mathias sein riesiges Schnupftuch aus der Tasche und schnäuzte einen Trompetenstoß über das kühle Wasser hinaus. Nachdem er dann behaglich erschöpft das Produkt im Tuche betrachtet, steckte er es ruhig wieder ein und schielte zum Himmel hinauf, wo die Sonne glühte. Da kam es denn — das Maul that sich zum Gähnen auf und wies den einen letzten gelben Zahn in violetter Tiefe, dann klappte es energisch in die Kiefer. Mathias machte Kehrt und schritt, die Arme ins Kreuz gelegt und mit den Fingern das Gesäß betastend, dem Hause wieder zu.

Unter der Kastanie sah er Gertruden sitzen, Walands Frau. Er blieb stehen und blickte, das Kinn in die Hand gestützt, so daß die Finger in den gelben Falten lagen, prüfend nach dem Wetter aus. Sagte aber nichts.

— Wird es gut, Mathias? rief endlich die Frau mit einer matten, schüchternen Stimme.

— Ja. Wenn's . . der . . drüben . . !

— Der König ist frei. Unten liegen Wolken.

— Ja. Eben. Die werden schon . . . 'rüber-kommen.

Dann wandte er sich zu ihr herum: Schläft er noch? fragte er halblaut.

— Er wird bald aufwachen. Es geht besser.

— So. Geht's besser . . .

— Treibst du Anna und Grete aus?

— Ja. Die fressen schon . . all's . . weg.

Er ging in den Stall zurück. Wie er die Thür öffnete, sprang ein Reh heraus, an ihm vorbei und lief mit zierlichen Füßen zum Baume hinüber. Sah Gertrud mit den glasbraunen Augen an und legte das kleine, kühle, unbehaarte Maul in ihre Hände.

Mathias stand in der Stallthür und grinste: Der ist . . gleich . . vergnügt.

Nun war er im Dunkel verschwunden, und man hörte die Kühe ihn mit tiefen Tönen begrüßen und ihre Ketten klirren.

Gertrud rupfte einen Büschel frischen Grases aus der warmen Erde und legte es sich in den Schoß. Das Reh knusperte behaglich die feinsten Hälmchen

heraus, nickte beim Kauen anmutig und ließ die
Augen nicht von der Alten.

Sie war schön, da das Frühlicht über ihr reines,
weißes Haar ging, welches auf dem schmalen Schädel
glatt gescheitelt das Hinterhaupt mit einem Kissen
zierlich geflochtener Zöpfe deckte. Der Gegensatz des
weißen Haares zu dem tief verbrannten Antlitz wirkte
eigenartig fein. Aber in der Feinheit dieser vielen
Falten lag nichts Weiches, Mütterliches — tief ein-
gegraben wie Urchristentum, aber Augen darin, so
hell und wesenlos, als hätten sie noch Jugend, ver-
gessen und ungenützt.

Sie schloß die Augen und schien sich der Sonne
und den Vogelliedern hinzugeben. Dabei lächelte es
um den tiefen, kleinen Mund, und ihre Hand strich
langsam über den Seidenrücken des Tieres. Ein lieb-
liches Bild mußte in ihr wach geworden sein und
deutlich gemacht von dem Flüstergesang der Zweige
über ihr und allem. — Dann plötzlich starb das Lächeln,
die Züge wurden grau, das Haupt sank auf das bunte
Brusttuch nieder, und greisenhaft fielen die Schultern
nach vorn.

— Gertrud! rief es vom Hause oben. Sie schreckte

empor, das Reh sprang ängstlich zurück. Nun wandte sie sich dem Hause zu und sah hinauf.

— Bist du wach, Waland?

In einem der kleinen Fenster des oberen Stockwerks stand ihr Mann. Er hatte die grünen Fensterläden zurückgeschlagen und hielt sie noch mit den Händen fest.

— Es ist so frisch, Gertrud. Es schmerzt mich beinah. Komm' nur bald.

Sie ging in das Haus und hinauf zu ihm. Wirklich hatten die Wolken, wie Mathias prophezeite, sich vom König losgelöst und zogen nun grau und flockig über den Himmel. Das Reh stand unten am Wasser, spielte und trank und wehrte den Wespen, welche es umschwirrten. Hoch oben über dem See und nahe den Wolken schwebte ein Vogel ohne Flügelschlag. Er war nicht recht zu erkennen. Nur wenn er einmal tiefer schoß, sah man, daß es ein Geier war. Und die Sänger im Himmel flohen auch so ängstlich vor ihm her.

Jetzt führte Gertrud ihren Mann aus dem Hause zur Kastanie hinunter. — Sechzig Jahre mochte er sein; eine bäuerische Riesengestalt mit tiefem Antlitz unter schlichtem, grauem Haar, ein schmaler Schnurrbart über festen Lippen. Die Augen waren offen, groß, und dennoch war er blind, denn beide Sterne füllte eine silbergraue Iris mit unbestimmtem Blinken — Tritonaugen gleich, wie sie Böcklin gedichtet hat. Der Körper beugte sich schlaff im Leiden der Unthätigkeit, ein rauher Lodenanzug deckte die hängenden Formen.

Sie ließen sich nieder auf der Bank. Das Reh sah sich wohl nach dem Manne um, aber es blieb doch unten und schritt, den lecken Hals emporgelegt, am klaren Wasser auf und nieder.

— Ich habe schwer geträumt, Gertrud.

— Ich hörte dich und konnte nicht schlafen. Du stöhntest soviel, als ob du Schmerzen hättest. Ist es jetzt besser?

— Alt. — Gertrud, was leuchtet denn. Ich möchte es doch wissen. Wenn ich den Frühling auch nicht sehe — ich erlebe ihn doch immer wieder.

— Du hast die reine Luft, Lieber. Die ist das beste am Frühling.

— Was du daran genießest, ist Licht und Luft. Mir thut die Reinheit weh. Es ist eine Gewalt . . .

ich kann da nichts entgegenhalten. Denn ich sehe nicht, was mich so überwältigt, Gertrud.

— Ob jetzt Fremde kommen werden? Erinnerst du dich, Waland — im vorigen Jahr um diese Zeit war Weltmann bei uns.

— Ja. Der Maler.

— Die Zeit ist jetzt so schön. Vielleicht kommen Fremde. —

— Gertrud. —

— Ja? . .

— Du sprichst so müde. Hast du Sehnsucht?

— Waland! Der Geier fliegt über den See! Die Flügel waren eben in der Sonne!

— Wenn die Lügner es fein machen wollen, kommen sie sonnig. — Der Tod fliegt wie ein Geier durch unser Leben zur Speise. Heißt es nicht so? . . . .

II

Nun war Mathias im Stall drinnen fertig geworden und riß die Pforte auf. Erst kam die Anna heraus, die größere von den beiden Kühen, ein starkes schwarzes Tier mit wilden, dummen, blutunterlaufenen Augen, die einen immer von der Seite tückisch an= zublitzen schienen. Über der faltigen Stirn trug sie ein kurzes, stumpfes Hörnerpaar. Sie gab eine bessere Milch als ihre Kollegin, welche ihr sogleich aus dem Stall nachfolgte, und hinter der Mathias die Pforte zuwarf, so daß sie fast noch die spitzen Hinterknochen des Tieres traf. Die Grete war klein und braun, doch stattlicher behörnt, ihre Stimme war hell und melancholisch, während Anna selten, aber dann sehr tiefe Töne blies.

Gertrud sah dem Mathias nach, wie er die Tiere auf die Straße trieb und von dort zur Bergwiese

hinauf hinter dem Hause. Im Steigen schwankte den
Kühen der schwere Ballon des Bauches, während die
langen Schweife Bremsen von den Flanken schlugen.
Leise klang das Geläut. Waland regte sich nicht.
Das Antlitz in die Sonne gekehrt, saß er unter der
Kastanie. Das Reh gesellte sich zu Gertrud.

❦

Aber es kamen an diesem Morgen im Frühjahr
Fremde zum Bergsee hinaufgezogen. In diesem Augenblick erschienen sie oben auf der Straße, dort, wo man
den Wald verließ und zuerst des Wassers ansichtig
wurde. — Die beiden Männer blieben stehen. Der
eine wies stumm auf die glühende Fläche hinüber,
der andere, jüngere stand regungslos versunken.

— Der Bergsee, Faber, sagte nun der Ältere halblaut. Nach einer Weile fügte er hinzu: Immer überrascht er einen wieder. Wie das wiegt und singt.
Wie ruhig das alles liegt. Alte Kunst . . Aber schön.

— Und Frühling, sagte Faber.

— Komm' jetzt. Ich sehe das Haus schon.

— Da unten? . . . Ach, Weltmann!! Das war
ein Moment.

Nun gingen sie weiter, schnell hinab, die Bergstöcke leicht in den Boden geworfen. Sie trugen sonst
wenig Gepäck, und überhaupt mehr künstlerisch, als
touristisch gekleidet, schienen sie auf die feste Aus-
rüstung der Füße und die Erhaltung ihrer Lungen
höheren Wert zu legen, als auf Federhüte und male-
rische Cornister. Weltmann war klein, an vierzig
Jahre alt, brünett und trug eine Brille vor den
scharfen kleinen Augen. Ein Künstler von hoher
Kraft glich er doch mehr einem feinen Gelehrten der
neuen Zeit. Faber war schmächtig und jung, licht-
blond und bartlos, ganz schülerhaft. Die Freude, der
Genuß in seinem Antlitz zeigte die eigentümlich sonnige
Ermattung, welche nach angestrengtem Marsch der
Anblick des erhofften Zieles giebt.

Mathias sah oben von der Wiese die beiden Gäste
die Straße herunterkommen, es fiel ihm aber nicht ein
zu rufen oder hinab zu gehen. Er that vielmehr wie
seine beiden Kühe und sah sich nach den Fremden
schweigend um.

Jetzt hörte auch Gertrud die Schritte und das
Knistern der Bergstöcke.

— Lieber, da kommen wirklich Fremde! — Nein!

Das ist Professor Weltmann vom vorigen Jahr! Ja
sicher, Waland!

Waland stand auf und wandte sich den Tönen zu.

— Herr Professor? rief er laut.

— Waland! Ja gewiß! Ich halte Wort! Da
bin ich wieder und bringe gleich noch jemand mit!
Guten Tag, Mutter. Na wie gehts denn allen!

Die Fremden schritten rasch auf die alten Leute
zu und zogen die modernen Hüte.

— In der Luft sind Sie so blaß, Mutter? Was
glauben Sie — wenn wir es so das ganze Jahr haben
könnten!

— Ist sie blaß, Herr Professor? fragte Waland
langsam.

— Aber Lieber, eine alte Frau. Sie werden in
der Hauptstadt freilich an rote Wangen gewöhnt sein,
Herr Professor?

— So. Ja. — Also hier — mein Freund. Herr
Faber!

Gertrud reichte ihm die Hand. Faber fühlte sie
feucht und warm und hatte die Empfindung, als zuckte die
Hand zurück und wollte sich nicht recht greifen lassen.

— Das ist schön, daß Sie uns auch einmal besuchen. Der Herr Professor hat uns im vorigen Jahr von Ihnen erzählt.

Faber verneigte sich errötend wie vor einer Dame. Dann wandte er sich rasch zu Waland und sagte ein wenig befangen, halb mitleidig, halb unsicher: Ich möchte Ihnen die Hand geben, Herr Waland. Griff seine Hand.

— Verzeihen Sie, ich kann Sie nicht begrüßen. Sie sind auch Maler?

Faber sah Weltmann halb lächelnd an.

— Ich bin . . . ja, ich bin eigentlich noch garnichts! Aber vielleicht bin ich auch Maler.

— Wenn Sie meinen Freund sehen würden, Waland — der ist noch ein ganz junges Huhn. Den dürfen Sie mir nicht in die Schule nehmen!

— Nein, Herr Professor, das trau' ich mir auch wirklich nicht zu. — Wie geht es Ihnen? — Sie sehn, ich bin wieder ganz auf den alten Phrasenhund gekommen.

— Bis auf den Phrasenhund ganz gut! Faber ist jetzt mein Schüler. —

— So, so. Da gratulier' ich Ihnen.

— Wem?

— Nun — Ihnen beiden! Wollen Sie bei uns
Studien machen, Herr Professor? . . .

— Na eigentlich mein Freund — ich bin nur als
Mephisto mit auf Reisen. Im Winter haben wir
Deutschland abgesucht, und jetzt, wo die Vögel wie-
der singen, sehnt sich der deutsche Jüngling nach dem
Süden.

— Werden uns denn die Herren auf längere Zeit
die Ehre geben? fragte Gertrud.

— Das kommt auf meinen Freund an, erwiderte
Weltmann. — Na, was meinst du denn zum Bergsee? — Die Welt ist gut erhalten, was?

— Ach, prachtvoll! Das Gebirge. Kolossal.

— In der Mitte sehen Sie den König, mein
Herr! bemerkte Gertrud, ohne hinzublicken.

— So! In der Mitte. Ja, natürlich. Und wie
frei das alles liegt. — König! — Du, das ist ja
wundervoll!

— Du wirst noch Schöneres sehen.

— Die Herren kommen gerade zur rechten Zeit,
begann jetzt Waland wieder. Anfang Frühling und
Anfang Herbst . . . da ist es am schönsten am Bergsee. — Soviel ich mich erinnern kann.

2*

Faber, der die Augen nicht von dem großen
Sonnenbilde gelassen, warf bei diesen letzten Worten,
die Waland langsam und eigentümlich schwer hinzu-
gefügt, einen flüchtigen Blick zu dem Alten hinüber,
und seine Züge beschatteten sich leicht.

Weltmann war inzwischen auf den Steg hinaus-
gegangen. Faber folgte ihm nach und blieb, das
Kinn auf die Schulter des Freundes gelehnt, hinter
ihm stehen.

— Du! flüsterte er dabei.

— Nun?

— In dieser Riesenschönheit der Blinde . . . .
weißt du — das ist aufregend!

— Gewiß, Kind, gab Weltmann leise zurück.
Aber paß' auf, hier kannst du was lernen.

— Und die Frau ist so sonderbar. So tot . . .
eintönig . . . .

— — Dem jungen Mann scheint unsere Gegend zu gefallen, Lieber? flüsterte Gertrud ihrem
Manne zu.

— Steh'n sie draußen auf dem Steg? Rufe sie
jetzt und führ' sie in die Fremdenstuben.

— Darf ich die Herren jetzt hinaufführen? Sie

werden sich doch ruhen wollen? Sind Sie nicht ein
wenig müde?

Weltmann wandte sich um: Ja, doch ein bißchen, Mutter. Komm Du! Reiß' dich los! Ich kriege
doch mein altes Zimmer?

— Ja freilich, Herr Professor, sagte Waland. Wo
Sie sich verewigt haben.

— Ach, die verschmierte Wand? Ist das noch
da?! —

Gertrud neigte sich rasch zu ihrem Manne nieder.

— Bleibst du .... sitzen, Waland? Ich will
dir das Reh schicken! —

— Nein!! Weg das Vieh! Nicht! ..... Es
mag mich nicht leiden.

Die beiden Fremden blieben stehen und sahen erschrocken auf den Blinden. Er hatte überlaut gesprochen und die Fäuste geballt. Das Antlitz glich
jetzt einem alten Löwen. Dann fühlte er sich be-
obachtet: — Ich muß doch nicht immer was zum
spielen haben, Gertrud. Bin ich denn ein kleines
Kind? Die Herren werden sich zurechtmachen und dann
werden sie herunterkommen ins Gastzimmer und was
genießen. Nicht wahr, Herr Professor?

— Jawohl. Also auf Wiederſehen. — Übrigens, Mutter, fragen Sie gar nicht danach, was ich Ihnen mitbringen wollte?

— Mitbringen, Herr Profeſſor? Mir?

— Sie haben doch voriges Jahr darum gebeten — Veilchenſeife! Ich halt' ſchon Wort.

Er zog ein kleines Paket aus der Taſche und gab es ihr.

— Ach, das iſt ſo gut von Ihnen. Da dank' ich vielmals . . .

— Aber bitte — ich hatte es doch verſprochen.

Gertrud ging voraus, dem Hauſe zu. Faber und Weltmann folgten und Faber ſah auf den gebückten, weißen Kopf der alten Frau, die unſicher vor ihnen herſchritt. — An der Treppe im Hauſe blieb Gertrud ſtehen:

— Sie müſſen es ihm nicht übel nehmen, meine Herren, flüſterte ſie haſtig und ſah Faber dabei an, ohne ihn in den Augen zu haben. Mein Mann iſt ſehr leidend, ſchon den ganzen Winter über. Sehr leidend. Und deshalb iſt er ſo heftig.

— Gewiß, gewiß, ſagte Faber, indem er ihren Blick vermied.

— Er meint es immer so gut — nicht wahr, Herr Professor? Er ist so edel —! So ein vornehmer Mann, mein Herr! ...... Nun bitte hier herauf ... Herr Professor weiß wohl Bescheid .... Entschuldigen Sie, bitte.

Sie ging, wie von einer Angst getrieben, schnell davon. —

Faber und Weltmann stiegen die steile Treppe hinauf. — Nun? Was dünket Euch, meinte Weltmann im Steigen.

— Merkwürdig, merkwürdig! ... Als wenn ihr Thränen in der Brust drängen, spricht sie. So alte Thränen von früher her. Merkwürdig. Und dabei so fein. Doch nur eine Bauerstochter — nicht wahr? Die Leute sprechen im Gebirge freilich immer besser. — Diese Einsamkeit mit dem Blinden. Wie eine Schuld .... Es ist merkwürdig.

Jetzt waren sie oben. Weltmann öffnete die Thür, und sie traten in ihre kleinen, niedrigen, sonnenhellen Stuben ein.

III

Der scharfe Duft von frischem Kienholz, das hinter den Öfen aufgestapelt lag, kam ihnen entgegen. Bergstöcke und Mäntel warfen sie auf die schmalen, buntgeblümten Sofa, holten ihre Toilettengegenstände hervor und wuschen sich auf den wackeligen Holztischen mit hartem Bergseewasser. Namentlich Weltmann rieb mit Eifer, pustend an seinem Kopf herum, bis die sonst blassen, feinen Wangen glühten, und in dem kurzen Barte Wassertropfen glitzerten.

Faber war fertig und kam, sich reckend und mit einem rauhen Tuche das frische Gesicht trocknend, in Weltmanns Stube herüber. Nun sah er das von Waland erwähnte Bild, das sein großer Freund im vergangenen Jahre auf die helle Wandtapete gemalt hatte.

— Was! rief er aus. Ein Porträt! Wie bist du denn darauf gekommen? — Der Kopf ist übrigens — — War das Original? Der Kopf ist wieder pracht= voll, Weltmann!

— Ich glaube, er ist fein. Diese junge Gesund- heit — beinah frech gesund. Die Augen! —

— Lebt er denn nicht mehr?

— Nein. Ich habe eine Photographie gesehen — weißt du, solch' olles Lichtbild von Anno dazumal. Die Bilder sind manchmal merkwürdig fein, eine rüh- rende Thorheit liegt darin, hinter der man erst all- mählich die höchste Feinheit der Naivetät entdeckt. Ich muß immer an Giotto denken. — Der Mann war früher Knecht bei Waland, vor beinah vierzig Jahren, Mathias' Vorgänger. Das Genie wirst du noch kennen lernen.

— Ist er denn so jung gestorben?

— Hier im See ertrunken. Das ist Walands beste Geschichte. Heute Abend bring' ich ihn darauf. Sicher. Das mußt du von ihm selber hören.

— Wie kamst du denn auf den Gedanken, den Kopf hier auf die Wand zu malen? — Nur, weil er dich so interessiert hat?

— Worauf man in Gottes Natur nicht alles kommt. Sieh dir auch mal die Wand an — den Ton in der Tapete! Es ist nämlich merkwürdig — da kannst du nun suchen und suchen, bis du an solch' ein Lichtgrau kommst. Es schreit förmlich danach zu kontrastieren. — Die Photographie hat mir Mutter Gertrud gegeben. Sie hat den Kerl von einem Photographen, der mal durch die Gegend kam, aufnehmen lassen. Er muß aber auch prachtvoll gewesen sein. Solch Kind .... und doch so männlich.

Weltmann schien von neuem gefesselt. Beide sahen hinauf. Nach einer Pause fragte Faber:

— Weiß Waland von dem Bild?

— Waland? Ja gewiß. Erst wurde er sogar unangenehm, weil ich ihm die Wand verschmiert hatte. Aber dann kriegte er doch Respekt — seine Frau war nämlich ganz aus dem Häuschen von dem Bild, ganz außer sich!

— Die Frau? Wieso? Was sagte sie, als sie das Bild sah?

— Nun .... sie weinte. Aber so merkwürdig lange und innig — es hat mich gepackt. Nach beinah vierzig Jahren. — Ich bin so dankbar! Ich bin so dankbar! rief sie immer.

— Wie seltsam das alles ist.

Weltmann sah ihn an: So? — Ja, ja. Aber nimm es nicht zu schwer.

— Erzähltest du mir nicht auch, daß Waland einmal Maler werden wollte? Daß er auf unserer Akademie gewesen ist?

— Freilich, das ist auch eine schöne Geschichte von ihm. Aber eins sei dir gesagt, lieber Junge: Bleib' objektiv! — Er hat mich selbst schon oft verwirrt gemacht. Im Grunde steckt auch hinter der verschrobensten Erscheinung das Leben! Danach sieh, und was du davon brauchen kannst. Über die Schönheit, die im „Umriß" liegt, bist du ja wohl hinaus. Nicht wahr? Vor Wagnerei brauch' ich dich nicht zu warnen! — Bist du fertig? Dann können wir gehen. Ich hab' einen Bergseehunger.

— Ich auch.

— Na also.

Sie stiegen die Treppe herab und traten in das Gastzimmer, welches zur Linken der Hausthür im Erdgeschosse lag.

Es war ein ziemlich großer, länglicher Raum und von der gleichen, geringen Höhe wie die Fremden- stuben oben. An den weißgetünchten Wänden hingen bunte Muttergottesbilder, und auf einem kleinen Po- stamente lag die alte gelbe Bibel. Ein schwerer Bauerntisch füllte die eine Ecke des Raumes, man konnte da auf einer Bank sitzen, die um den Winkel der Wand lief, ferner standen ein paar grobe Stühle unter den Tisch geschoben. Aus kleinen Fenstern kam das Licht. Der See erfüllte ihre Rahmen mit Silber- glut.

Waland saß am Tisch und horchte auf, als Faber und Weltmann hereintraten.

— Sind die Herrn schon fertig? Gertrud!

Seine Frau kam. An der rötlichen Aderung ihrer Augenlider sah Faber, daß sie eben noch geweint haben mußte.

— Ja, Lieber?

— Die Herren werden etwas genießen wollen . . .

— Aber freilich! erwiderte Weltmann. Haben Sie eine Forelle im Kasten, Mutter? Oder giebt es jetzt keine? — Spezialität vom Bergsee, Faber!

— Zwei werden da sein. Im allgemeinen ist es noch nicht die Zeit. Wünschen die Herren Wein?

— Ja, bitte, zwei Schöppchen Weißen. Süß ist er nicht, aber g'sund! — Der Bordeaux ist wohl immer noch nicht eingetroffen?

Gertrud rückte den fremden Stühle zurecht, deckte eine rotgestreifte Leinendecke auf, welche sie dem Tischkasten entnommen hatte, und entfernte sich dann wieder, den Fisch zu schlachten und alles zu bereiten.

Faber und Weltmann nahmen Waland gegenüber Platz. — Waland, der Mathias ist doch gar nicht sichtbar? erkundigte sich Weltmann.

— Der ist mit den Kühen draußen, Herr Professor. — Wissen Sie was? Diesmal könnten Sie in Ihrer Stube auf die andere Wand den Mathias malen — zum Gegensatz!

— Aber er ist wohl tüchtig? fragte Faber.

— Tüchtig, Herr Professor?! In der Welt sind alle Knechte tüchtig, die an nichts denken! . . . Ich war kein tüchtiger Knecht.

Er griff mit den schmalen, alten Fingern an die Stirn. Es zog ein Schweigen hin. Eine Bremse war

durch das offene Fenster hereingeschwirrt und trug ihr
nervenbohrendes Summen durch den Raum.

— Waland, wir wollen nach dem Essen ein biß-
chen in die Gegend gehen, sagte jetzt Weltmann.
Mein Freund ist auf die Kapelle oben so begierig.
Haben Sie den Schlüssel, oder ist oben offen?

— Ich werde Ihnen den Schlüssel geben.

— Waland, Sie kommen wohl selten ins Dorf
hinunter?

— Selten! Was soll ich im Dorf, Herr Professor? Hochwürden Herr Pfarrer können mich nicht
ausstehen — ich ihn auch nicht! — und Gertrud hat
eine solche Abneigung gegen die Leute ... Die Kinder haben Furcht vor mir und laufen mir aus dem
Weg, denn die Eltern reden ihnen ein, ich wär' so
eine Art böser Mann, so ein Friedloser, sagen sie,
den der liebe Gott gestraft hätte, weil er an nichts
glaubt und nie zur heiligen Beichte kommt. Glauben
Sie mir, mein Herr — er wandte sich plötzlich an
Faber — auch in der Einsamkeit ... auch in der
Einsamkeit büßt man sein Leben lang für seine
Freiheit!

— Sonst .... Sie hätten also sonst keine Ab-

neigung gegen den Verkehr mit Menschen? fragte
Faber ganz eingenommen.

Waland gab keine Antwort.

— Du mußt Waland immer mit Namen anrufen,
sagte ihm Weltmann halblaut, sonst weiß er nicht,
daß du ihn fragst.

— Herr Waland, begann Faber von neuem, ich
meine .. Sie sagten eben: Sie büßen in Ihrer Einsamkeit? .... Verzeihen Sie, die Frage war ...
Die Natur könnte Ihnen vieles ersetzen, das thut sie
wohl im Alter immer. Aber Sie genießen die Natur
ja leider nicht — nicht so wenigstens — wie wir beide.

Es war nicht zu erkennen, ob Fabers Fragen
Waland unbequem. Er schien vielmehr angeregt zu
sein, und die neue, junge Stimme, die er hörte, und
aus der ein aufrichtiger Drang sich äußerte, schien ihn
zu rühren.

— Mein junger Herr, ich höre Sie nur. Sie sind
sehr jung, wie ich gehört habe. Darum muß Ihnen
der Genuß der Natur noch selbstverständlich sein.

— Na Waland?! rief Weltmann, indem er sich
in den Stuhl zurücklehnte. Faber hat auch schon ein
bißchen Darwin in den Augen.

— Ich kenne den Darwin nicht. Sie erzählten mir im vorigen Jahr davon, Herr Professor. Ich verstand nicht alles. Denn wie soll man gleich erfassen als alter Mann, daß das, was man bestehen sah, daß das alles noch entsteht? Aber ich glaube — so, wie ich als Junge war, das ist ähnlich wie der Darwin. Ich konnte nämlich nie sehr lange auf einem Flecke stehen und über eine Wiese hinschauen, wenn sie auch noch so schön in der Sonne lag. Ich sah's ... aber dann schämte ich mich so zu sagen vor der Schönheit — dann kniete ich hin und bog die Halme auseinander und sah die Käfer spielen und die jungen Triebe im Boden. So konnte ich Stunden lang liegen, bis Sonnenuntergang. Mir war der Geruch von der Erde und die Kühle unten war mir so angenehm. Ich habe die Natur so lieb gehabt, mein Herr. Dann wurde ich blind, als ich noch jung war. Meine Augen sind jetzt vierzig Jahre tot. Aber es wurde mir dunkel, als ich noch ganz entzückt ins Licht sah. Es mag Ihnen wunderlich sein. Nach innen ist mein Gesicht noch nicht verdorrt. Meine Nacht ist nicht schwarz ... meine Nacht ist rötlich. Und die Bilder von damals hab' ich oft in dem rötlichen Licht. Aber sie zittern und tanzen — ich halte sie nicht fest. Aber schön sind meine Bilder . . . .! Sehr schön. Schöner vielleicht, als Sie sie jetzt haben mit Ihren gesunden Augen. Aber Sie haben den Frieden der Selbstverständlichkeit — der ist unbezahlbar.

— Jetzt kann ich Sie fast verstehen . . . Ihre Vorstellungen von damals sind wach geblieben? Die alten Vorstellungen? . . .

Faber starrte ihn an.

— Ich glaube. Ja. Sie mögen auch nicht alt geworden sein! Denn es ist eine ewige Welt.

Er hatte die Fäuste schwer auf den Tisch geschlagen. Die Muttergottesbilder an den Wänden zitterten von der Erschütterung, aber sie blieben doch so mild und steif naiv.

Ein Schweigen. Weltmann beobachtete seinen Freund.

— Entschuldigen Sie, mein junger Herr, sagte Waland jetzt leise — ich finde gar kein Gedächtnis mehr . . . Wie war doch Ihr Name?

— Ich heiße Faber.

— Ja sehen Sie, Herr Faber . . . Ihr Freund, der Herr Professor Weltmann weiß einiges aus meinem

Der Bergsee.　　　　　　　　　　　　3

Leben. Das hab' ich nun verwechselt. Ich möchte
es Ihnen auch sagen. Ein alter Mann sagt gern was
von seinem Leben, nicht wahr? Am Ende interessiert
Sie's auch?

— Aber . . . bitte —

— Unten im Dorf — der Herr Professor Weltmann hat es sich im vorigen Jahr mal angesehen —
Sie kommen ins Dorf, wenn Sie die Straße, die Sie
heraufkamen, ganz heruntergehen bis an das Ende
vom Bergsee — da unten ist er aber nicht mehr so
schön. Also hinter dem Dorf liegt eine Glashütte.
Vielleicht haben Sie schon davon gehört?

— Ist es die Marienhütte? Wo neulich das Unglück war?

— Jawohl. Das passiert schon. Da hat der
Geier auch sein Spiel! — Also, wie ich noch ein
Junge war — mein Haar ist jetzt glatt und weiß,
nicht wahr? Aber damals hatte ich viel blonde Locken,
und wenn ich im See gebadet hatte, stand mein Haar
wie die Sonne nach allen Seiten. Also wir hatten damals unten im Dorf — mein Vater wohnte unten,
meine Mutter war schon tot — da hatten wir also
einen Maler wohnen aus Ihrer deutschen Stadt.

Parlow hieß er. Seine Bilder sind, glaub' ich, mit
ihm eingeschlafen. — Mein Vater war Glasschleifer
und hatte schon mit vierzig Jahren weißes Haar und
keine Luft mehr in der Lunge. So ist das bei den
Leuten, und so ist es heute noch. Sie kennen von
der Welt nichts als ihr Dorf und die Hütte; die Leute
sterben alle jung, aber sie sterben nicht aus. Es ist
sogar ein schöner Menschenschlag, sie sind leidenschaft-
lich. Sie machen viele Kinder, weil sie gern genießen.
Die Armut mordet dann die Kinder wieder fort. —
Also mein Vater wollte auch mich als Lehrbuben an
den Glasofen stellen, wo einem die Augen glühen und
die Nase brennt. Ich war nun aus der Art geschlagen, ich hatte keine Luft zur Hütte — ich mußte
das von meiner Mutter haben, die soll ein wildes
Weib gewesen sein und ist an mir gestorben. — Ich
hatte also meinen verrückten Kopf, und lief in den
Wald hinauf, statt an den Ofen, und einmal im
Walde traf ich den Maler, wie er auf seinem Feldstuhl saß und gerade ein paar Tannen zeichnete, die
über einem Abgrund standen. Es war im Frühling.
Frech wie ich war — ich pflanzte mich hinter dem
Maler auf und sah ihm über die Schulter zu, wie er

3 *

die Pinsel führte, tupfte und strich. Bald hatte ich
herausbekommen, welche Bäume er vorhatte. Ich
kannte die meisten Bäume. Da schien mir nun etwas
nicht richtig zu werden, wie ich ihm zusah. Wissen
Sie, meine Herren — er war in seine Arbeit vertieft,
aber ich war frisch dazugekommen! — Also kurz und
gut: ich fing auf einmal an hinter ihm zu reden und
sagte, was nicht richtig wär' nach meiner Meinung.
Der Parlow dreht sich um, ist ganz verdutzt, und zuerst wollte er falsch werden. War ja auch kein Wun-
der. In der Stadt hatten ihm vielleicht schon die
Kritiker zu schaffen gemacht, und nun kam noch so
ein dämlicher Bauernjunge durch den Wald.

— Aber wie er sich die Sache dann besah, da
mußte er doch wohl gefunden haben, daß ich nicht so
Unrecht hätte. Er brummte was, sah mich garnicht
an, malte und änderte an dem Bilde herum. Ich
blieb ruhig stehen und sah ihm zu, die Hände ins
Kreuz gelegt. Es interessierte mich so, ob er's nun
recht machen würde! Schließlich hielt er ein und lehnte
sich zurück, um besser betrachten zu können. Ich lehnte
mich auch zurück. Dann drehte er sich so halb auf
dem Feldstuhl herum und sah mich durch die Brille

an. — So. — Von der Seite. — Du haft recht gehabt, Junge, fagte er dann, wenigftens das richtige
Gefühl.

Von da an wurden wir bekannt. Er hatte mich
bald lieb und nahm mich täglich mit in den Wald
hinauf, und ich durfte zufchauen, wie er malte. Mein
armer Vater war ganz traurig, er konnte mich aber
nicht fchlagen. — Schließlich wurde mir das Zufchauen
langweilig, und folch ein dummer Junge wie ich war
— ich bat den Parlow, er follte mich auch mal was
malen laffen! Er lachte und gab mir Papier und
Stift — zuerft wollte ich ihm nämlich durchaus eine
Leinwand verfchmieren. Ich fetzte mich alfo ins Gras
und zeichnete ihm meine Lieblingstanne und unferen
Karo davor — fo ganz kindifch, wiffen Sie, brachte
ich ein paar Dinge, die ich gern hatte, im Bilde zu-
fammen. Und wie ein Kind malt: ohne Verhältnis,
alles zu groß, fo daß der Bogen garnicht reichen wollte.

— Vielleicht war dies gerade ein Zeichen Ihrer
Begabung, warf Faber hier ein, daß Sie die Dimen-
fionen zu groß nahmen. Bei der Talentlofigkeit ift
es, glaub' ich, das Gegenteil: der Dilettant ift feig
und kritzelt alles zu klein.

— Parlow besah sich das Ding, fuhr Waland fort, und sagte: Junge, Junge! — Dann zog er mit mir ins Dorf hinunter nach der Hütte. Es war gerade Mittag. Wir holten meinen Vater ab, der eben Gläser abgeliefert hatte. Auf dem Wege sprach dann Parlow mit ihm von meinetwegen. Er wollte mich mit nach Deutschland nehmen und auf die Akademie bringen. Na, mein guter Vater hatte nun ebensowenig Ahnung von Deutschland wie von der Akademie und unter einem Maler konnte er sich doch schließlich nur einen Glasmaler vorstellen, wie sie bei uns im Dorfe saßen. Den Parlow hielt er für einen sehr vornehmen Herrn. Er ließ uns also, da ich auch noch anfing zu heulen und zu bitten, ließ er mich ziehen. O wie elend war er schon damals. Wie ein Greis. Und wenig über Vierzig. Aber ich dachte damals, so sähen alle Männer aus, wenn sie so alt wären, wie mein Vater, und viel älter wurden die Männer bei uns im Dorfe alle nicht. Der Glasstaub, wissen Sie, meine Herren ... der zerreißt ihnen die Lunge. Mein Vater gab mir eine Leberwurst mit auf den Weg, die er für einen ganzen Wochenlohn gekauft hatte, und als ich mit dem Maler abzog, weinte er. Ich hatte ihn nie

weinen sehen. Als wir schon eine Strecke weit gefahren waren, sah ich ihn noch die Augen wischen und
husten .... husten. — — Ich war doch ein bißchen
wehmütig und konnte nichts essen. Aber Herr Parlow ließ sich meine Wurst schmecken. Ich aß fast garnichts. — Die Sonne schien mir in die Augen, und
ich war bald vergnügt.

In der Hauptstadt mietete mir Parlow eine kleine
Stube in der Nähe des Bahnhofs. Bei ihm war kein
Platz für mich. Ich war nun ganz betäubt, meine
Herren; aber es ging mir im ersten Jahre wunderlich.
Der Gegensatz war so gewaltig. Nicht, daß ich mich
kindisch freute, daß ich alles wunderbar und herrlich
fand — nein — es kam etwas anderes in mir auf,
was Fremdes, ein Drang zum Sterben fast. Ich kam
zum Vergleichen, meine Herren ...... Glauben Sie, das ist der erste große Kampf bei jedem. Ich
selber war kräftig und jung; wär' ich einer von den
alten, schwindsüchtigen Schleifern aus meinem Dorfe
gewesen, dann hätt' ich garnicht soviel Gedanken ge-
kriegt. Die Gesundheit und der Glanz um mich her
quälte mich, es kam mir alles so wenig — ernsthaft
vor, und die Arbeiter, die Armen, die ich sah, sahen

so trotzig aus, so finster und — höhnisch. Dagegen
die blassen frommen Leute in meinem Dorf. — Mit
der Kunst ging es mir auch wunderlich. Ich fühlte
Kraft. Aber wenn ich in der Akademie saß, mußte
ich das unwillkürlich immer mit der Glashütte in
meiner Heimat vergleichen, mir war's, als wenn ich
hier auch Staub zu schlucken bekäme und schwindsüchtig
werden müßte, wie mein Vater. — — Parlow war
ein ganz guter Maler, aber beschränkt. Ich sah Fehler
bei ihm — weniger, wie er malte, als wie er sah.
Denn die Natur meiner Heimat hatte ich studiert, wie
ein Kind studiert, das immer im Grase liegt. — Ich
widersprach ihm. Er nahm mich jetzt nicht mehr naiv
und wurde dafür unzufrieden mit meinen Zeichnungen.
Schließlich glaubte ich, ich hätte gar kein Talent. Zu-
gleich fingen damals meine Augen an zu brennen. Sie
waren so nicht gut, ich hatte dann im Eifer bis in
den Abend gezeichnet, häufig ohne Licht. Also . . .
ich fühlte mich sehr elend, wollte weinen, aber meine
Augen konnten nicht.

In dieser Zeit wurde ich mit ein paar älteren
Kollegen bekannt auf der Akademie, die schon lange
beim Handwerk waren und zu rein garnichts kommen

konnten. Talent hatten sie wohl auch keins. Sie sahen ziemlich abgerissen aus, hielten gewaltige Reden gegen die Ordnung dieser Welt und borgten mich an. Die paar Groschen, die ich hatte. — Viele Weibergeschichten hatten sie und renommierten davon. Ich kannte noch nichts Höheres, als das Weib. Ein seltener Glaube, aber er giebt so ein betendes, ruheloses Glück. Da machten mir die Abenteuer, von denen sie so selbstverständlich sprachen, einen ängstlichen Eindruck, und ich empfand einen neuen Mangel in meiner Blödigkeit.

Es war die heiße Zeit damals vor vierzig Jahren. Die Menschenkinder warfen die Königspuppe fort und schrieen nach einer anderen. Das traf so grad' in meine aufgeregte Stimmung hinein. Ich kam häufig mit den Kollegen zusammen und fühlte mich wohl bei ihnen, besser jedenfalls, als in der Akademie. Parlow hatte damals zufällig einen Auftrag von der Regierung bekommen, er sollte eine Wand ausmalen im Treppenhause eines Ministeriums — da war er also gerade königstreu. — Eines Abends saßen wir, ich und meine Freunde, in einer Kneipe, wo Studenten verkehrten. Das wußten wir, wir waren aber bezecht, fingen an zu räkeln und zu schimpfen, bis ein Student

zu uns an den Tisch kam und sich die Redensarten
verbat. Ich gleich antworte grob, und schließlich wurden wir hinausgeworfen. — Die Sache wurde ruchbar
auf der Akademie, und mein Lehrer beklagte sich bei
Parlow. Der wollte aber von nichts wissen und schrieb
mir einen häßlichen Brief, daß ich ihn ferner nicht
belästigen sollte. Außerdem zog er seine Unterstützung
zurück. Ich wurde samt meinen Freunden relegiert
und stand nun da — ein selbständiger Maler.

Aber ich fühlte mich da so frei, meine Herren,
und hatte doch solchen Durst nach Arbeit! Wie verrückt lief ich an dem Tage in der Stadt umher, den
Kopf hintenüber, als wär' ich schon weiß Gott ein
großer Mann! — Aber in der Nacht dann fingen die
Augen wieder an zu brennen, zu brennen wie höllisches
Feuer. Wissen Sie, von der Aufregung. Ich mußte
zu Bett bleiben, Wochen lang. Erst hatten meine
Wirtsleute Mitleid und gaben mir zu essen, schickten
mir auch den Doktor, einen jungen Esel, der noch an
meiner Krankheit lernen wollte. Meine Freunde ließen
sich nicht sehen. Ich lag im heißen Bett und zählte
die Uhrschläge und war ganz verdüstert. Endlich wurde
es ein bißchen besser, und meine Wirtsleute redeten

mir ein, es wäre jetzt ganz gut, und erzählten mir
vom Frühling draußen. Sie wollten mich los sein.
Es war ihnen garnicht zu verdenken. Ich stand also
auf, ließ meine Uhr zurück als Bezahlung und ent-
schloß mich, ohne Aufenthalt in meine Heimat zurückzukehren. Zu Fuß natürlich. Mit acht Groschen im
Gesamtvermögen. Aber für meine Augen war es
das Verderben — ohne Erholung ins Licht hinaus.
Ich trug zwar eine schwarze Brille, und die Mädchen,
die mich sonst gekannt hatten, sahen mir auf der Straße
nach, mitleidig und erschrocken. Es glühte in mir,
aber ich ging weiter, immer weiter, und endlich,
endlich bekam ich meine alten Berge wieder zu sehen.
Da konnte ich weinen.

Mein Dorf lag ruhig in der alten Leichenstille.
Ich fand meinen Vater im Sterben. Wie er lächelte,
als ich an sein schmutziges Bett trat. Ich hatte die
Brille rasch abgenommen. Er wollte mir noch was
sagen — ich beugte mich auf seine pfeifende Brust.
— Junge, hörte ich noch, Junge! Du willst wol nu
doch in die Hütte? — Ich sagte: Ja.

Dann nimm deine Augen in Acht, Junge.
Wie geht es denn mit deine Augen?

Beſſer, ſagte ich. Beſſer, Vater.

Und denn, Junge, und denn .... thu' mir den Gefallen — auf der Hütte ſind ſie jetzt alle ſo ver- rückt, ſo widerſpenſtig .... ſie leſen ſogar die deutſche Zeitung ...... thu' nicht mit! Ja? Du verlierſt ſonſt deine Arbeit! Thu' nicht mit!

Er bat ſo innig, daß ich ihn küßte.

Am Abend ſtarb mein Vater. Aber ich war zuſammengerüttelt, meine Herren ..... ganz blutig war's mir vor den Augen. Hm. — — —

Ich ging an die Arbeit und wurde Glasmaler. Aber es war keine Ruhe, keine Gleichgültigkeit .... Ich wußte genau, bei der Arbeit mußte ich blind werden. Das machte mich wild —! Und damals paſſierte eine Geſchichte ....

Waland hielt inne. Faber und Weltmann fuhren auf.

— Kommt meine Frau?!

— Nein ...

— Herr Weltmann kennt die Geſchichte mei- ner Frau. Im Dorf unten weiß nur der Pfarrer die Wahrheit — jetzt hätte wohl auch keiner mehr den Anteil daran. Die meiſten ſind tot, die es er-

lebt haben. Die Schleifer alle, denn Schleifer werden nicht alt. Es ist auch schon der dritte Direktor
seit damals auf der Hütte. Professor Weltmann
wollte schweigen. Sie auch, junger Herr?

—Aber sie werden mir doch nicht —

— Nein, nein — verzeihen Sie. Ich erzähl' es
Ihnen auch nur, weil es was Seltenes ist. — Meine
Frau ist selten. — —

Also sie war eine junge Waise bei uns im Dorf
und bei der Maria Wallenhofer in Pflege; die war
ihre Tante und hatte einen kleinen Bauernhof. —
Das Mädchen war schön. Man konnte sich im Dorf
an so was kaum erinnern. Aber sie band mit keinem
Kerl an. Die alten Schleifer wollten gern und stier-
ten sie an, wenn sie vorüberging. Denn eine so blü-
hende Kraft hatte sie. Sie war nämlich nicht aus unserer Gegend — ihr Vater war drüben, jenseits vom
Gebirge, Lehrer gewesen. Als Mädel von fünfzehn
Jahren brachte sie schon zwei Jagdhunde vom Förster,
die sich ineinander verbissen hatten, mit ihren kleinen
Händen auseinander. Bei aller schweren Arbeit sah
sie so warm und gesund aus, wie nie ein Weib bei
uns im Dorfe. — Sie trug mit den anderen Frauen

und Mädchen Abends das Rohglas aus der Hütte zu den Schleifern, und das Geschliffene zu den Malern. Auch zu mir.

Wenn sie im Sommer Abends in meine Hütte kam und grüne Gläser zum Bemalen brachte und die Gläser auf den Schemel setzte, daß so der grüne Schein auf ihre weißen Arme fiel — die Sonne ging schön und rötlich über das Haar und über ihren weichen Nacken . . .

Weltmann sah Faber an. Der aber war ganz eingenommen.

. . . . ich sah zu ihr hinauf durch meine schwarzen Brillengläser. Wie zum Muttergottesbilde in Mariahilf. — Das war ein Wagnis für mich. Ich hatte in der Hauptstadt nie einem Weibe in die Augen sehen können . . . Wie eine Schwäche trieb das in mir. Als Junge schon. — — Aber sie — sie zog zuerst mein Auge empor, und über meiner kranken Häßlichkeit erkannte sie mein heißes Herz. Sie war so schön und unbewußt. Ich fühlte mich gelobt. — Sie sagte guten Abend und ging dann wieder in die rote Glut hinunter mit ihren sicheren, armen, kleinen Füßen den Berg hinab. — Ich war allein und

starrte auf die grünen Gläser ... Und Nachts —
da kam ihr Bild, und es war mir, als hielte ich sie
in meinen Händen ... ihr Kinn vielleicht — oder
den weichen kleinen Fuß. — Es war ein einsames,
unglückliches Glück.

Eines Abends kam sie später als sonst. Der
Himmel war schon rot und dunkel. Wie ich von
meinem Maltisch aufsehe, find' ich sie blaß, das liebe
Gesicht war eingefallen, beinah' krank, die Augen
geschwollen und rötlich. — Ich frage sie. Da ant-
wortet sie garnicht, sagt nicht guten Abend und
läuft den Berg hinunter. — Ich wundere mich.
Mir war ganz seltsam zu Mute. Ich werde unruhig,
lege die Glasschale, die ich schon halb fertig hatte, bei-
seite und geh' ins Dorf und später am See entlang. —
Es war eine Mondnacht. Im Schilf und zwischen
den Wasserrosen knarrten die Frösche, was mich
immer frösteln machte. Das Haus der Wallenhofer
lag draußen am Ende des Dorfes, abseits vom See.
— Wie ich nun so hinschlendre, geht eine Strecke vor
mir ein Mann am See entlang. Ich konnte ihn im
flimmernden Mondlicht mit meinen kranken Augen
nicht erkennen, er war auch tief eingewickelt in ein

Surtout, schwenkte ein Stöckchen in der Hand und
streifte den Schilf damit, daß es rauschte, und die
Frösche still wurden. — Einer vom Büreau? fragte
ich mich. Wer kann das sein? — Er ging aber direkt
auf das Haus zu, welches ich unwillkürlich suchte —
wo Gertrud bei der Tante wohnte. Ich blieb einen
Augenblick stehen, dann schlich ich auf den Zehen
weiter. Am Gatter vom Gemüsegarten hielt er an.
Er pfiff leise. Die alte Wallenhofer kam durch den
Garten mit Licht und ließ ihn ein. Als sie ihm
ins Gesicht leuchtete, sah ich, daß es der Herr
Hüttendirektor höchstselbst war.

Nun meine Wut, meine Aufregung. Wissen Sie,
meine Herren — aller Grimm kam in mir auf, mein
ganzes Elend! Ich wollte schon nachstürzen und ihm
eins auf die Glatze geben, dem Kerl, dem elendigen.
Aber ich bezwang mich, wartete, bis sie im Hause
waren, und bis oben Licht kam. In Gertrudens
Stube. Das wußte ich. Wie ein Fuchs schlich ich
um das Haus herum. So wahnsinnig vor Empörung
— gegen den Kerl, gegen Gertrud und gegen das
Aas, die alte Kupplerin. — Als die Sonne über dem
Bergkönig heraufkam, ging ich heim, zerschlagen, ich

konnte den ganzen Tag nicht arbeiten und wartete
nur, ob sie Abends kommen würde. Sie kam noch
einmal. Kurz vor Sonnenuntergang. Als sie sich vor
mir hinkniete, um die Gläser vorsichtig aufzustellen,
da sah ich den irren Blick und die Schuld in den
Augen. Aber so verzweifelt. Ich sagte: Gertrude.
— Da starrte sie mir ins Gesicht und schrie und fiel
auf die Erde nieder und weinte wild.

Als sie sich ein bißchen beruhigt hatte, erzählte sie.

Sonderbar — mir jungem Kerl.

Wie einem Priester.

Ob mir meine Brille half?

— Er hatte sie überwältigt. Er war ein wüster
Schurke. Alles, was ich ahnte. Und der Herr Direktor. Er hatte die Tante Wallenhofer gekauft. Und
das Rätsel bei ihr . . . ja, meine Herren, sie war
noch aus Gottes Hand gewesen! Der Drang war heiß
in dem Mädel. — So lieb war sie. — Er war der
erste. Er war parfümiert und konnte reden. Schuft.
Sie war berauscht worden. Und dann kam der Ekel
in ihr. Natürlich . . . .

Ich hörte, was sie mir im Schluchzen sagte. Ich
versprach ihr zu helfen, aber sie verstand mich nicht,
küßte mich nur einmal auf die Stirn und ging dann

heim. — Ganz müde war ihr Gang. Da ahnte ich was . . .

Am Abend stellte ich mich hinter der Brombeer-hecke auf, fünf Minuten vor dem Haus der Wallen-hofer. Das war feig, aber ich wußte mir keinen an-dern Rat. — Da kam denn der Herr Direktor seines Wegs, wie gestern, und strich mit dem Stöckchen den Schilf nieder. Ich springe vor, pack' ihn und hau' ihm die graue Hose voll, bis daß er liegen bleibt. Die alte Wallenhofer kommt gelaufen. Jesus! Jesus! Aber der Herr Direktor war klug und sagte, sie sollte mal das Maul halten. Er ahnte was von Folgen. Wenn ich es den Schleifern gesagt hätte! Die hatten starke Sitten. — Er stand auf, ächzte und klopfte seinen schönen Mantel rein, setzte den Hut auf, dreckig und eingebeult, und hieß mich schweigen, indem er mich gräßlich anblickte. — So! — Ich erwiderte den Blick. Da ging er. — Ich stieg zur Gertrud hinauf. Sie saß auf ihrem Bett und weinte. Da ging ich denn nach Haus.

Sie blieb bei ihrer Tante und kam nieder. Das Kind, das sie zur Welt brachte, war verkrüppelt und starb. — Als es ihr besser ging, besuchte ich sie und brachte ihr Kornblumen. Sie gab mir einen Kuß und sah so elend aus. Meine Augen warfen mich bald nieder — ich konnte nicht mehr arbeiten. Ich lag und lag. Und eines Nachts . . . da wurde es Nacht.

Gertrud kam zu mir hinauf und pflegte mich. Sie las mir aus dem Hohen Liede. — Da starb eines Tages die alte Wallenhofer. Sie rief Gertruden in der letzten Stunde zu sich und weinte vor Reue. Nachher bekam sie Frieden durch die Beicht. — Den Hof vermachte sie Gertruden. Das war ein Glück für uns — ich war ja hilflos. Aber wir konnten im Dorfe nicht bleiben, Gertrud verkaufte den Hof und nahm für das Geld hier unser Seehaus. Es stand damals leer und gehörte der Gemeinde; in ihrem Stumpfsinn dachten sie nie daran, Fremde in die Gegend zu ziehen. — Ich ließ mich mit Gertrud trauen. Die Leute hatten kein Mitleid und zeigten auf uns . . . . jetzt erkläre sich alles! — Ich fühlte es brühend heiß, meine Herren, aber ich schwieg natürlich — von Gertruds wegen. —

Wie ein unsichtbarer Engel lebt sie nun in der Einsamkeit mit mir. Vierzig Jahre. Vierzig Jahre ohne Wunsch. — Was bin ich ihr? — Sie hat mich

4*

lieb. Ich fühle ihre Milde, ich — bete zu ihr, und meine Augen gaben mir Kraft, sie nur zu ehren.

Waland wandte sich langsam, plötzlich zu Faber hin:

— Blicken Sie Ihrem Engel nie ins Auge, junger Herr — wenn er Ihr Engel bleiben soll. Mein Rat ist Herzblut.

IV

Faber und Weltmann fuhren wie aus einem Traume, als Waland plötzlich abbrach. Die Thür ging hinter ihnen auf. Sie waren noch ganz im alten Liebesbilde — nun fühlten sie kaum den Mut, sich umzublicken nach der Frau, deren tiefstes Erleben sie eben noch erfahren, und die nun selber seltsam mit ihrer Hinfälligkeit in das heraufgezauberte Bild ihrer Jugend griff.

Sie kam und setzte die Schüssel mit der rauchenden, silberhellen Forelle auf den Tisch und Butter, die in einem grünen Petersilienkranze lag, dann blanke Teller und Bestecke. Faber sah flüchtig in ihr Gesicht hinauf, als sie sich mit dem Teller zu ihm niederneigte — die weißen Haare über dem schönen Gesicht, die Ruhe einem ägyptischen Bilde gleich, ewiger Stein, doch voller Feinheit und Anmut.

Gertrud stellte auch die kleinen, rundgeschliffenen Flaschen mit dem Landwein, die sie mitgebracht, auf den Tisch und grünliche Gläser, ein Produkt der Hütte; dann nahm sie neben Waland Platz und ruhte die Hände auf seinen Knieen.

— Ist eigentlich von Ihren Zeichnungen noch was vorhanden, Waland? fragte Weltmann, indem er sich und Faber Wein einschenkte und jedem ein großes Stück von dem fetten, rosigen Fischfleisch auf den Teller packte.

— Die Zeichnungen? fragte Gertrud. Ach ja, Herr Professor. Einiges hab' ich verwahrt. — Lieber, darf ich es zeigen?

— Nein! rief Waland fast unwillig. Laß' den Kram. Besser, wenn du ihn schon längst verbrannt hättest. Soll ich mich jetzt noch schämen? Und kann mich nicht einmal verteidigen.

— O, es ist so vieles dabei, was mir gefällt.

— Dir. Nein, Gertrud — rühre nicht daran. Wie schmeckt die Forelle, meine Herren?

— Prachtvoll! rief Weltmann. So was ist nun in der Stadt unmöglich. Faber, was stöcherst du denn

mit der Gabel herum? Iß doch, mein Sohn! Solange es warm ist. Da hast du Butter!

— Danke, danke .... Ich esse schon. Es ist
vorzüglich.

— Prosit, Waland! — Weltmann hob sein Glas.
— Ja, Waland, Sie müssen mit uns trinken. Sie
auch, Mutter. Schaffen Sie noch zwei Schoppen an
und zwei Gläser — ja?

— Ich muß danken, Herr Professor, erwiderte
Gertrud. Aber für meinen Mann hol' ich gern. Er
soll Wein trinken, hat Doktor Franz gesagt.

Sie brachte noch ein Fläschchen und ein Glas her-
bei. Die Männer stießen an, hielten die Gläser in
die Sonne und tranken.

— Was meinst du, Gertrud? fragte Waland
bald mit heißem Lächeln. Ob die Kreatur nicht
gleich ins Leben gerissen wird, nur wenn sie Kreaturen
begegnet? Man ist doch wunderlich. — Das Leben
lebt ganz außer uns. Was gilt es, frag' ich, ob
wir weinen oder lachen? Ob wir handeln oder schlafen? — Episoden sind wir! — Stoßen wir noch mal
an, meine Herren. Warm. — Die Kälte soll leben

und die Zurückweisung! — Der böse Feind ist das Bedauern.

Gertrud schwieg eine Weile mit festem, ängstlichem Munde, dann sagte sie eintönig und hatte die Augen starr in Fabers Glas:

— Weil wir das Fleisch an uns tragen, müssen wir Schmerzen haben. Und weil unsere Seele noch bei uns ist, müssen wir leiden.

— Müssen? fuhr Waland empor. Aber das Müssen will ich mal erklärt haben. Aus dem „Leben“ ... aus dem einander Ausweichen von den Millionen bunten Köpfen im Walde des Lebens! daß sie nicht zerschellen!... daraus haben wir uns das Müssen selber herausfabriziert. — Was atmet denn über uns! Nun, doch der liebe Gott, wenn wir uns wohl fühlen, und das Schicksal, wenn wir müde sind. — Ich bin ein Mensch und meinen Trieben unterworfen.

— Waland, unser Heiland .... unser Heiland hat alle Triebe besiegt.

— Unser Heiland. Sein Heiland ist er sicher gewesen. Was ihn mit einem Lächeln sterben ließ, war der Sieg, der keinen Triumph braucht. — — —

Gott iſt die Liebe. — Ich kannte in Deutſchland einen Maler, lahm und elend — einſamer Kerl. Der ſagte: Waland, die Liebe lohnt ſich nicht. — Da pflegte ich ihn, bis es zu Ende ging. Als er zum Sterben kam, riß er plötzlich meine Hand an ſeine Bruſt und ſagte in der Todesphantaſie: Waland, ich widerrufe. Ich habe ein Weib im Traum gehabt, das meinen Klumpfuß küßte. Waland, das einzige, was ſich bei der Liebe nicht lohnt — bei der Liebe .... das iſt die Poſe.

— Faber ſaß, den blauen Blick nach innen ge-kehrt. Die Zeit zog tönend weiter. Endlich ſagte er: Welche Liebe ...

— Welche? fragte Waland.

— Ja. Die kühlende Hand oder die Sucht nach dem Ineinander.

Sie ſchwiegen alle. Auch Weltmann ſchwieg, ob-gleich er jetzt den jungen Freund ſchon in Verzückung ſah.

Der lächelte ſeltſam und ſpielte an ſeinem Glaſe mit den zarten Künſtlerfingern. Nun ſah er ins glitzernde Weingold hinab und hob das Glas und rief:

— Man erlebt nur die Liebe! —

Dann setzte er das Glas so heftig wieder auf den Tisch, daß der Fuß abbrach, und er den Kelch in der Hand behielt.

— Du! rief Weltmann. —

Es war dunkler geworden draußen, die Wolken im Himmel hingen etwas schwer. Aber sie drohten nicht, und die Sonne war da.

Waland saß aufgerichtet, seine Röte in den Wangen. Gertrud schien in heftige Bewegung geraten. Sie hatte den weißen Kopf fast auf den Tisch gesenkt, und die zitterigen Hände fuhren im Schoße ängstlich hin und her.

Weltmann erhob sich.

— Solange es schön ist', wollen wir noch laufen, sagte er. Was meinen Sie, Mutter — wird ein Wetter kommen?

Die Alte fuhr empor und wandte den Kopf zum offenen Fenster.

— Kaum. Heut Abend wird es sterneklar.

— Der König ist Wetterprophet — nicht wahr? Nun, der liegt prachtvoll. Bist du fertig, Faber?

Sie griffen Hut und Bergstock.

— Ja den Schlüssel zur Kapelle, Waland!

— Entschuldigen Sie ... hier ist er. Wann
kehren Sie zurück? Zum Sonnenuntergang müßten
Sie noch auf den See hinausrudern.

— Ja, auf den See! rief Faber.

— Bis dahin sind wir wieder heim. Adieu.

— Auf Wiedersehen, meine Herren.

✿

Im Gastzimmer wurde es still. Die alte Stutzuhr
über dem Eingang kam jetzt zu Wort mit ihren müden,
ewig gleichen Schlägen. An den Fensterscheiben summ-
ten kleine Wespen, und Eintagsfliegen rutschten mit
ihren langen Beinen die spiegelnde Fläche hinab.
Eine Katze schlich, das Schwänzchen kerzengrad empor-
gehoben, über die Diele und sprang in lautlosem
Sprunge auf den Tisch, sie wollte auf Walands
Schoß zu liegen kommen. Er schob sie von sich. Sie
sagte Miau und schlüpfte hinter den Ofen.

Gertrud hatte am Fenster den Fremden nach-
gesehen, wie sie schweigend nebeneinander gingen.
Sie schienen nachdenklich zu sein. Dann zeigte Weltmann dem Freunde wieder etwas äußeres Schönes.
Der Jüngling nickte, lächelte dankbar flüchtig — dann
gingen sie weiter, wie sonst. Am See entlang, und

an einem Vorsprunge, den die Waldberge bis beinah
an das Ufer machten, entschwanden sie Gertruden.

Sie wandte sich zu ihrem Manne um.

— Lieber, willst du ruhen?

— Laß' mich hier sitzen. Ich denke ein bißchen.

— — Gertrud.

— Ja?

— Hab' mich lieb.

Die Frau blieb bei ihm stehen. Glühende Röte
lief über das alte Gesicht, in den Augen wurde es
streng und wild, die Hände strichen langsam an der
Schürze herunter .... dann aber ging sie zu ihm und
gab einen matten Kuß auf seine Stirn.

— Deine Lippen sind heiß. Du mußt mich immer
lieb haben.

Sie hatte den Mund auf seine Schulter gelegt. —
So sagte sie kaum hörbar: — Du bist ja so eine Er-
hebung für mich. Ja, Lieber. Eine Frau, die ist
nicht so im Geiste stark. Nicht wahr? ... Ich bin
wirklich klein gegen dich! ..... Wir bleiben zusammen.
Du bist edel. — —

— Wenn ich dich sehen könnte! — Ich habe von
dir erzählt. Du warst ja eine Blume ... Du warst

ja hold. Du warſt das Hohe Lied. — Gertrud, bloß
einmal ſoll mir der Herr Jeſus oder Gott oder die
Natur oder das Schickſal oder der Teufel meine Augen
für dich geben!! — —

— Nein. Wünſche das nicht. Ich möcht' ...
auch blind ſein.

— Wie das Hohe Lied warſt du. Sünde in der
Bibel. — —

— Aber ſchlaf' ... ſchlaf' doch ..... Schlaf'! Du
mußt .. ſchlafen ......

🐑

Draußen ſtand ſie noch an der Thür und lauſchte.
Sie hörte ihn nicht. Da ſchüttelte ſie wie raſend das
Haupt, daß weiße Flechten ſich löſten und um die
mageren Wangen ſpielten — und ſtolperte die Treppe
hinauf zu den Fremdenſtuben. Sie ſtand vor Weltmanns Thür. Krallte die Hände, hob ſie willenlos
empor und ließ die geſpreizten Finger immer wieder
an der glatten Holzfläche herunterleiten.

— Liebſter ... kam es da auf die bebende Lippe
— Herz!! — mir nicht anrechnen — nicht ....

Sie hatte die Thür geöffnet und stand im Raume. Da war nun ihr gegenüber der junge Knecht von Weltmann an die Wand gemalt. Blaß war das Bild und schattig, eigentümlich zart. Leicht durchglühte Züge. Ein grünes Hütchen mit Spielhahnfeder aufgestülpt, die Augen so kindlich weich und ernst dabei — fähig ein krankes Kind in Schlaf zu singen und einem Bären mit dem Hirschfänger entgegenzustürzen.

Und ein Glaube.

Sie sah hinauf. Dann brach sie langsam in die Kniee. Der alte Kopf lag leblos auf der Diele. Sonne fiel rötlich darauf.

So blieb sie eine ganze Zeit — wie im Gebet. Dann sprach sie auch:

— Muß ich dich lieb haben? ...

Lächeln ... Zusammengeduckt wie totverwundet, Höllenangst .... Nun stellte sie die Füße auf und hastete mit den Händen in der Luft umher — Stütze mußte sie haben! — Sie wandte sich und sah den

Gekreuzigten, der dem Bilde gegenüberhing — steif, gelb, hölzern, mit rotgemalten Wunden.

Sie starrte ihn an. Aber fremd. — Dann hob sie die Hand zum Munde und schüttelte langsam, greisenhaft ... und wandte sich und schlich hinaus.

V

Am Ufer gingen sie entlang, und neben ihren Schritten flüsterte der Schilf. Sie fühlten sich sonnenmüde beide und gingen schweigsam. Im Himmel war es wieder klar geworden, aber ein Übermaß von Mittagslicht hatte ihm das trübe, zuckende Graublau gegeben, welches die Augen unwillkürlich zur Sonne emporlockt, müde macht und blendet.

Zur Tiefe hin verdunkelte sich der See; das Hochgebirge lag in blauer Ruhe.

— Drüben, sagte Weltmann im Gehen und wies mit der Hand hinüber.

— Ja? —

— Da geht's in deine Sehnsucht, Faber. Westlich vom König siehst du den Paß — wo sich das Gebirge einsenkt, der Sattel drüben.

— Du kennst es? fragte Faber.

— Ja, ich bin damals hinübergegangen, weil es besonders schön ist, dort hinüberzugehen. So ohne Tunnel und Kultur, und nur als Wanderer. Mathias hat mich geführt.

— Wollen wir ...?!

— Wie denn? Hast du schon genug?

— Nein, ach gewiß nicht. Glaubst du, daß man jetzt hinüber kann? Der Frühling drüben muß prachtvoll sein.

— Ich bin bereit. Kommt nur darauf an, wieviel Schnee oben liegt. Jetzt zum Frühjahr wird er locker. Möglich trotzdem, daß die Wege gangbar sind. Es ist ja nicht sehr hoch — man geht tief unter dem König fort. Stell' dir aber nicht vor, daß du drüben gleich eine neue Sonne hast. Das geht allmählich. Hier findest du Lärchen und Wildkastanien, drüben trifft man Maulbeerbäume, Weinbau statt Getreide, und endlich Cypressen über den blauen Seen. — Die Natur hat wenig äußere Überraschungen, wenn man sich nach innen von ihr überraschen läßt.

— Weltmann ... Es ist hier ja so prachtvoll, ich bin dir ja so dankbar, daß du es mir gezeigt hast! Laß' nur —

Der Bergsee.   5

Er blieb stehen.

— es wird nachlassen ... Ich bin ein bißchen verdreht. Ich will vernünftig sein.

Weltmann sah ihm ins Gesicht: — Es wundert mich ja weiter nicht, daß dich die Dinge hier aufregen, Faber, sagte er. Aber du weißt, ich hab' es dir mit Absicht gezeigt. Etwas Großartiges in einfacher Form zu sehen, darf ein Künstler nicht versäumen. Betrachte die Leute objektiv, und du hast deinen Gewinn davon.

— Ich bin noch nicht soweit! rief Faber. Glaube nicht, daß ich mich durch Beziehungen oder Ähnlich- keiten bewegen lasse! Das ist Thorheit. Jeder hat seinen Privatzweifel. Und der Alte ist blind geworden — ich habe meine Augen. Und dann ... Thatsächlich, Weltmann. Es ist sicherlich die schwerste Aufgabe, sich immer rein objektiv zu halten. — Was ich da sehe, ist ja herrlich! Aber der Eindruck ist zu stark, weil er zu nahe ist. Ich bin froh, daß ich jetzt mit dir allein bin und mich aussprechen kann ... Es sind die Menschen nicht allein — alles! Mir ist diese Abgeschiedenheit hier ... mit der alten, schönen Frau — und dem weisen Blinden! Das ist geisterhaft, Lieber. Ich weiß nicht ... Sieh nur zum Beispiel den Geier da

oben ... er fliegt gerade beim König vorüber. Ver-
hängnisvoll. Ich ... möchte irgendwo — singen.
Ich bin nicht verrückt, Weltmann! —

— Aber ich kenne einen, der sich das alles viel
ruhiger anschauen würde, wenn er nicht zur Hälfte
noch in Deutschland wär' bei blauen Augen und
zwei berühmten kleinen Füßen. — Aber du wolltest
ja mit mir gehen.

— Ach! Die! ... Was weiß denn die von mir!
— Vorüber, Augen geradaus. — Herrgott! Ich em-
pfinde ja so gut mit dem Alten, Weltmann! So gut!
— Na ... es ist mir so herausgefahren ... Wirklich,
du mußt das ernst nehmen — ich habe sie schon
in der Prima gekannt. Ich rede von Erleben —
Unsinn, nicht wahr? — Aber ich glaube, ich habe
doch recht.

— Man erlebt nur die Liebe, sagtest du —
nicht wahr? Waland schien anderer Meinung zu sein.

— Aber seine Frau? —

Weltmann blickte ihn flüchtig an und schwieg.

— Ich hatte eine so eigenartige Empfindung, wie
uns der Alte vorhin erzählte, sagte Faber. So ein
Mitleid mit seinem Herzen, möchte ich sagen, und

5*

dann wieder eine Art Freude, ein Glücksgefühl —
für mich. — Gemeinsam und einsam sind die beiden.

— Wie meinst du das? fragte Weltmann, ohne
ihn noch anzublicken.

— Glaubst du ... daß sie Liebe haben?

— Lieber Junge, das läßt sich schwer sagen.
Wofür hältst du ihn denn?

— Ja wie .... Für eine Art naiven Propheten
der heiligen Entfernung! — Dumm ...

— Nein, nein. Vielleicht. Und könntest du da
— mit?

— Nie! rief Faber mit Lebhaftigkeit. O garnicht.
Das Unglück .... Aber warum — warum entsagt er
denn? Er hätte ja viel elender werden können! Sie
war doch am Ende sein Weib. Wenn man liebt,
das ist doch rein genug! — Warum hat er keine
Leidenschaft? Das ist mir unbegreiflich. — —

— Übrigens, was das anbetrifft! begann Faber
nach einer Pause wieder. Man müßte ja ein Idiot
sein, wenn das Mädel nicht großartig wär! Thatsächlich, Weltmann! ....

— Aber selbstverständlich, erwiderte Weltmann
ganz ernsthaft. Du interessierst sie nicht.

— Meinst du — ?

— Na ja, du bist ihr ein Ekel!

— Ach . . . Na — ich bin zweimal mit ihr zu-
sammengewesen. — Lieber Freund, sie ist ja so wundervoll! Den Alten bin ich übrigens vorgestellt —;
ach mein Gott, wenn man wüßte . . . Die Stirn
ist zum wahnsinnig werden. Diese kluge griechische
Stirn und dann das deutsche Haar — zu wundervoll.

— Du sprachst doch immer von den Füßen? Ich
glaube mich zu erinnern —

— Ach! Der rasche Schritt! Ja! diese Jugend,
Mensch! So fein und doch ein bissel keck — fran-
zösisch!

— Sie scheint aber von allen Nationen was
zu haben.

— Ach du mußt nicht —! Nein wirklich! . . . .
Der Gang von ihr ist übrigens das Bezaubernde —
weißt du: man muß nach! Selbst so sicher schön und
doch empfindungsvoll — und so rein menschlich, ohne
Vorwurf für alles Plumpe und Gebrechliche, das ihr
begegnet. Auf einer Brücke . . . wie sie mal einem
Bettler, der mit Krücken dalag, was in den Hut warf

und dann weiter ging. Das war so rein! Zum weinen . . . . . .

Weltmann blieb stehen: — Jetzt schau' dich mal um. Da oben liegt die Kapelle.

— Mariahilf? Am Berg oben! Ja. —

Die Waldberge in ihrem Rücken zogen sich in sanft geschwungenen Linien. Sonniges Grün in den einzelnen Baumgruppen zwischen dunklen Tiefen. Die Bäume warfen zitternde Schatten in die Wiesen= abhänge, welche rauh gestrichenem altem Sammete glichen. Auf diesem gelblichgrünen Grunde stand die kleine Kapelle, in halber Berghöhe, uralte, von Moos geschmückte helle Mauern in das tiefe Tannen= grün gezeichnet. Sie lag so seltsam still, wie wahr= haft heilig, und so verlassen, wie von Gott bewohnt.

Langsam stiegen sie hinauf. Die Sonne glühte in Nachmittagsglut. Im goldenen Grase neben ihren Füßen zischten und klopften die Heuschrecken. Trauer= mäntel flogen auf.

Oben an der Kapellenpforte wandten sie sich und hatten die reichste Aussicht auf das Hochgebirge und den See. Auch Walands Haus mit der Kastanie sahen sie diesseits am Ufer liegen. Das Wasser war,

jetzt in der Tiefe gesehen, fein gekräuselt, und die
Sonne strich eigenartige Lichtwirkungen darauf, wie
helle Tümpel auf dunkelblauem Grunde.

Nun öffnete Weltmann mit dem großen rostigen
Schlüssel, den ihm Waland gegeben, die Pforte, und
sie traten mit einem leichten Bangen in das kühle Halbdunkel ein. — Ihre Schritte tönten auf den Stein-
fliesen, als sie zwischen den Gemeindebänken zu dem
Altar hinaufgingen, den Hut in der Hand — eigenartige Kühle wehte um ihre Stirn.

— Da ist das Altarbild, flüsterte Weltmann.
Anfang des fünfzehnten Jahrhunderts. Meister unbekannt.

Sie traten auf die Stufen. Über den schlanken
Leuchtern auf der weißen Spitzendecke ragte hinten das
Bild empor. Im Halbdunkel sahen sie den todeshellen,
schlaffen Leib des Christus, am breiten Kreuz die
schwachen milden Arme mit den grausig eingesetzten
Wunden in den Händen. Graue Schatten über dem
hohen Judenhaupt, und rötlicher Heldenglanz umher.
So schwebte der Körper auf nachtblauem Grunde, den
der Himmel gab. Am Fuße des Kreuzes aus tiefen
Schatten grinste ein Totenschädel. Blutsträhnen rannen

aus des Heilands Brustwunde den Stamm des Kreuzes herab und tropften auf den Schädel nieder. Der lächelte. — Aber Er oben hatte die höchste Kunst des Malers erfahren. Man sah, man fühlte es, daß er Recht hatte, der prachtvolle Schwärmer, das Kind mit den Gottesgedanken.

— Groß ist das Bild, sagte Weltmann, aber unbarmherzig . . . — Nein, flüsterte Faber. Gewöhne dich dran. Es ist nur kühn. —

Einen eigenen Zauber verliehen die fleckigen Sonnenlichter, welche durch die bunten Fensterchen hinter dem Altar drangen, dem Bilde; sie trafen die Seiten des bleichen Christusleibes, und gleichsam küßten sie sie.

Jetzt sahen sie die Schatten unter dem Totenkopf erleuchtet. Da lag ein Weib am Boden hingestreckt, ganz dunkel, niedergeworfen, das Gramantlitz auf die Arme gegen den Fuß des Kreuzes gepreßt, und graue Haare wirrten sich um die Hände. Maria. Mutterleid lag einfach in den schlaffen Formen. Todesstill und in dem Augenblicke ewig.

Sie wandten sich und sahen zur Linken vor der ersten Gemeindebank ein plastisches Muttergottesbild,

naive Holzschneidearbeit. Das war die himmlische Jung-
frau-Mutter . . . seltsamer Gegensatz zum großen
Schmerze drüben. Bunt bemalt und frische Kinderzüge,
allzu starke Ähnlichkeit zwischen Mutter und Kind.
Aber es lag eine Sicherheit in dem Bilde, ein Über-
standenhaben, eine Hilfe.

— Unten am Postament, sagte Weltmann —
Mariä Worte an den Pilger mußt du lesen.

Faber sah das vergilbte Blatt im schwarzen Holz-
rahmen. Die Schrift war wunderlich. — Sie ließen
sich auf der ersten Bank nieder, und Faber las halblaut, daß es in dem stillen Raume wie summendes
Beten klang:

— Du kommst eben recht zu mir, — sieh mich an,
— wer ich bin! — siehe, wer ist neben mir? — —
Sieh uns beide wohl an — ich bin eine Mutter zu
Dir, — und dieser wird dein Richter sein. — Ich
verlaß' Dich nicht, — nein! — ich verlaß' Dich nicht!
— Alles, was Du willst, will ich Dir thun. —

Ich nehme Dich bei deiner Hand, — lege Dich in
meine Arme. — Nur eine Seele hast Du! — — Nur
eine, — sterben mußt Du, — keine Stunde bist Du
sicher, — hernach wird's ewig: — — Es wird ewig!

— Ewig — ewig! — Von Gott fallen thut wehe, — in einer Sünde leben ist gefährlich, darin sterben ist schrecklich. — Deine Kreuze sind Deine Schätze, — Du bist arm, — nur daß Du im Himmel reich werdest, — Du bist krank, — weil es Dir gesund für Deine Seele, — Du hast große Sorgen, — aber Gott will es so haben, — Er hilft Dir tragen, — er wird Dich zahlen, — nur Deine Seele laß' nicht im Stich; wenn Deine Sünden groß, — ist die Gnade noch größer: — — nur jetzt höre auf und laß' nach! — Nicht mehr, wie vorher: Rufe nur allezeit — und recht oft: Aus Herzensgrund: Maria Hilf! — Und du wirst sehen, wie ich Dir geholfen habe. Und merke Dir das Wort: Ewig — —*).

🐝

— Wollen wir absteigen? fragte Weltmann, indem er sich erhob.

— Jawohl. Es war sehr schön. Vergiß nicht zuzuschließen.

———————

*) „Maria Worte an den Pilger" aus der Kirche Mariahilf in Mondsee (Salzkammergut).

— Gewiß. Warum?

— Es könnte hier was gestohlen werden. Mir war's beinah, als hätte ich mal reines Christentum da drinnen.

— Lieber Junge, verschanz' dich nicht. Die Glasschleifer im Dorf unten haben davon ebensoviel, wie du. Naiv natürlich.

— Und — ängstlich. Sieh doch, wie hübsch.

Faber wies auf ein kleines Bildchen, eine Votiv-tafel, welche neben dem Eingang hing. Dargestellt war eine Wiege mit einem kranken Kind in einer engen Bauernstube. Maria trat eben an das Bettchen und legte dem Kinde die heilende Hand auf. Das Bild war offenbar von einer Mutter für die Errettung ihres Lieblings gestiftet. Darunter stand in großer, unbeholfener Schrift: Ex Foto. —

Sie stiegen hinab. Jetzt sahen sie erst, wie lange sie oben gewesen. Später Nachmittag war es gewor-den, die Sonne hatte sich über den Waldbergen schon gesenkt und zog die Tagesstrahlen immer mehr ins Gold der Dämmerung. Sie trafen den See in zittern-der Feuersäule, die tausend goldene Wellen spielte. Leise Brandung floß über den Schilf.

Faber ging einige Schritte vor Weltmann. Der
störte ihn nicht, er wußte ihn in stürmischen Gedanken.
— Plötzlich begann Faber vor sich hinzusprechen:

— Ja nur ein bißchen von dem Schleier weg!
Ein bißchen Klarheit! — Die Sonne glüht so schön
im Wasser, aber wie lange — und dann schlafen alle.

— Entschuldige ... das hab' ich nicht erfaßt,
sagte Weltmann.

— Ja, Weltmann. Es ist Unsinn, daß ich rede
überhaupt ... Aber du stehst wo anders, du bist was.

— Gewiß bin ich was.

— Nein, nein. Du weißt es. In dir selbst.
Nun, mein Gott, ich fange jetzt an! Meine Mutter
ist ja ganz ruhig und sieht zu. Aber es liegt
doch immer der stumme Vorwurf, die Angst liegt
darin.

— Thorheit. Was willst du denn gethan haben
mit deinen zwanzig Jahren? Freu' dich, daß du noch
alles vor dir hast.

— Ach du, du bist ein Künstler, du weißt es.
Die Leute, die dich bewundern, können dich nicht be-
stärken. — Sieh mal ... da will ich m a l e n — da

will ich schreiben — und dabei fühl' ich doch, daß eine Menge Kraft verpufft geht.

— Lieber Sohn, deine Kraft ist jetzt noch nicht so kostbar. Da könntest du eher noch schärfer losgehen. Das Gescheiteste wär', du ließest jetzt Kunst Kunst sein und maltest nicht und schriebest nicht. —

— Und meine Mutter? Wie soll man später leben? Ich —

— Ja, das ist allerdings schrecklich! Laß' das doch meine Sache sein! Ich weiß doch, was der kleine Träumer mal zu raten geben wird. —

— Lieber, sagte Faber jetzt ganz leise und ging neben Weltmann, ich habe sie so lieb, das Mädel und möchte ... und doch mehr Kunstwerk, Heiligtum, Gott ist sie mir noch. Ich bin so — — fern von ihr. Ach Weltmann! —

— Lieber Kerl. — —

— Fühlst du .. ich weiß nicht, ob du das fühlst. Die Ferne von ihr ist das Reinste, Höchste.

— Warte ab. — Du sprichst so, ... weil du sie noch nicht hast.

— Nein!! Bitte. Das ist Wahnsinn.

— Schön, schön. Jetzt noch. Deshalb streit'
ich nicht mit dir. — — Lieber Kerl. — — Jetzt
schau' dich hier um und freu' dich. — Junge, Junge.
— O Gott. — — Du kleiner Esel.

VI

Im Gespräch waren sie um den Vorsprung der Waldberge, der beinahe bis an das Ufer reichte, herumgekommen und sahen nun Walands Haus goldig beleuchtet vor sich liegen.

Mathias trieb gerade die Kühe herein, als sie sich dem Hause näherten. Voraus ging diesmal die Grete, in leichtem Trabe, sie sehnte sich nach dem Stall. Die breite Glocke flog an ihrem Halse. Die dunkele Anna folgte bedächtig mit tiefem Blasen. Mathias hatte seine Pfeife angezündet und stand an der offenen Stallthür, indem er der Anna, die draußen stehen geblieben und rasch vor Thoresschluß noch einen Büschel trockenen Grases rupfen wollte, mit dem Stecken eines überzog, daß sie schleunig in den Stall lief. Nun schloß Mathias die Pforte hinter den Tieren, blieb stehen, blies den Rauch in die Luft und grinste den Fremden still entgegen.

— Na Mathias! rief Weltmann. Nun bin ich auch wieder da. Wie geht's denn?

— Nu ...

— Also gut? — Sind Sie inzwischen älter geworden?

— Nu ...

— Nu?

— Sieb .. zig.

— So. Das ist ja schön. Und die Kühe? Wie geht's denen? Fressen sie gut?

— Nu ... die —

— Aha. — Na Mathias, jetzt will ich Sie mal um Rat fragen. Also: Meinen Sie, daß wir jetzt über den Königspaß hinüberkönnten? So wie voriges Jahr? Wie? — Was lachen Sie denn?

— Nu ...

— Nu?

— Heut — Abend?

— Gott segne dich, Mathias. Nein ... Heut Abend natürlich nicht. Aber sonst mal — früh morgens!

— Nu. In der Fruh.

        — Nu?

— Können wir schon .. rüber.

      ✸

Waland kam, von Gertruden geführt, aus dem Hause.

— Wollen die Herren schon wandern? fragte er. Über den Königspaß?

— Nein, nein! rief Weltmann, indem er ihm die Hand gab. Wir bleiben. Aber für den Fall, Waland — kann man jetzt über das Gebirge?

— In den nächsten Tagen wohl. Oben liegt der Schnee noch fest. Bergkönig besinnt sich diesmal sehr lange auf die Lawinen. Als ob er sich nicht traut, den Frühling zu stören. Wissen Sie, wenn die Lawinen stürzen — dann ist es für einen Monat nicht möglich, hinüberzukommen.

— Waren Sie auf der Kapelle? fragte Gertrud, welche das Antlitz in die rote Sonne wandte.

— Jawohl. Das ist doch Ihr Bestes in der Gegend, erwiderte Weltmann. Lassen Sie sich den Schlüssel ja nicht nehmen, Waland. Wenn da oben nicht gesungen und gepredigt wird, bleibt die Kapelle heilig.

— O nein! rief die alte Frau. Eigentlich ist es nicht recht, Herr Professor. Gotteshäuser müßten offen stehen, —

— Für die Freiwilligen, sagte Waland. Jesus sagt, sie haben ihren Lohn dahin, die da gerne stehen und beten auf den Gassen, auf daß sie gesehen werden von den Leuten.

— Glauben Sie wirklich, daß dies bei den Schleifern unten der Fall ist? fragte Weltmann.

— Wenn das nicht, so bringt sie die Gewohnheit in die Kirche. Anerzogen ist der Glaube immer, aber bei wem ist er ein Resultat?

Sie waren bis unter die Kastanie gekommen. Gertrud klopfte die Bank mit einem Tuche rein, sie setzten sich. Weltmann allein blieb stehen, blickte umher und ging dann vor den anderen, die Hände in den Taschen, auf und nieder.

In der Kastanie zitterte das Abendgold, das über die Waldberge im Rücken herüberglühte. Das Gras zu ihren Füßen hatte goldene Spitzen bekommen, und auch die Blüten alle waren zu Gold geworden. Es

wehte duftig kühl umher, ein matter Übergang im
Himmelsblau zu lichtem Grün und sonniger Orange.
Das Hochgebirge zeigte metallische Flächen und Kanten,
nur die tiefen Felsenrisse blieben schwarz.

— Herr Waland, begann jetzt Faber, wenn Sie
von der Kapelle sprechen, dann ist es mir gerade, als
ob Sie hier ein Heiligtum hüten wollten. Ich meine
ein Heiligtum für Ihren Glauben. Ihr Glaube ist
neunzehnhundert Jahre alt! —

Waland wandte die wesenlosen Augen zu ihm hin:

— Die Kirche ist auch alt und wird noch älter
werden. Wer glauben, aber nicht begreifen will, der
braucht ein Bild von Gott, der braucht die Kirche,
welche ihn von Gott in scheuer Ferne hält. Ich bin
einsam, weil ich selber mein Christus werden muß.
— Was ist göttlich? — Wir sollen das Göttliche
anbeten und haben es doch selbst in unserer höchsten
Erscheinung geboren. — Ich darf mich nicht ver-
kleinern, sonst kann ich nicht groß werden! — Dort
ist meine Kirche, wo eine Dirne heilig werden kann.
Ich bin vierzig Jahre blind und weiß nichts von
der Welt. Wie der Wind geht, ob es Sommer
oder Winter ist — das weiß ich. Bekäme ich jetzt

6*

meine Augen wieder, so wollte ich hinausgehen in die
Welt, die ich nicht kenne, und sagen, was meine Blindheit mich gelehrt hat.

Faber sah in die Abendglut:

— Christus war ein Genie. Das erste Weltgenie
vom Abgrund der Schönheit bis hinauf zur Höhe der
Häßlichkeit. Wir sind am Rande — bald wenigstens.
Das zweite Genie wird erwartet. Von der Höhe der
Häßlichkeit bis zum — Abgrund der Liebe?

— Höhe der Liebe! sagte Waland. Es ist nichts
Geniales, alles nur Wille. Jeder kann Christus aus
sich selber werden. — Ihr seid mir alle in eurer Ein-
bildung zu wenig eingebildet. Habt doch endlich einmal den Stolz zur Einsamkeit! Seltsam mutet's mich
an, wenn ich von euren Kämpfen höre. Wie ich jung
war, habe ich freilich ebenso gekämpft, aber das ist
doch vierzig Jahre her. — In wem reift denn das
Leben, wenn nicht in euch? — Es muß ein großes,
friedliches Gericht kommen — über alle und aus jedem
heraus. Bin ich gottlos? —

— Nein, versetzte Weltmann — Goethelos sind
Sie. Sie quälen sich viel zu sehr, wenn Sie soviel begriffen haben.

— Und doch, sagte Faber halblaut, indem er Gertrudens Augen auswich — der Marienglaube ist so schön.

— Lebt Ihre Mutter noch? fragte Waland.

Faber sah ihn überrascht an: — Ja.

— Der Marienglaube ist freilich schön. Wenn Sie einmal gekreuzigt werden, wird es zur Erscheinung kommen. Es giebt soviele Marien auf der Welt.

Da erhob sich Faber und rief voll Unruhe: — Ach — Sie machen alles wirklich! Sie machen alles wirklich! .... Wenn alles Wirkliche heilig ist ....

— Wie wollen Sie ohne diesen Glauben leben?

— Basta, basta! rief Weltmann. Wir klettern wieder auf die Höhe der Idee und können nachher nicht oben bleiben. Ich mache darauf aufmerksam, daß die Sonne untergeht!

— .... Wollten Sie nicht hinausrudern, meine Herren?

Gertrud stand auf.

— Fahren Sie mit, Mutter? fragte Weltmann.

— Sie werden selbst rudern wollen, Herr Professor. Aber steuern muß ich. Sie kennen die gefährlichen Stellen nicht. Oder wünschen Sie, daß der Mathias mitfährt?

— Aber bewahre! Wir freuen uns — das ist sehr nett!

Gertrud ging auf den Steg hinaus und beugte sich zu den Booten nieder.

— Soll ich helfen? rief Weltmann.

— Nein, danke, ich binde die Diana los!

— Aber singen kannst du den Herren etwas, Gertrud! rief Waland von der Bank aus. Haben Sie meine Frau schon singen gehört?

— Nein, im vorigen Jahr wurde es mir versprochen, aber nachher that sie's nicht. Also heute nehmen wir Sie beim Wort!

— Vielleicht, Herr Professor … Es ist nichts dran.

— Wer weiß! Es kommt auch auf die Lieder an.

— Ja, die sind von Waland.

Faber hatte schweigend zugehört. — Seltsam, dachte er. Das alte Menschenkind will singen? — Aber es kann gut sein.

Jetzt hatte Gertrud das Boot losgebunden, die Ruder zurechtgelegt und wandte sich, die Kette lose in der Hand, zu den Männern.

— Wenn die Herren einsteigen wollen? Das Boot ist fertig.

Faber und Weltmann gingen auf den Steg hinaus und stiegen in das Boot, das in ein leichtes Schaukeln geriet. Gertrud war schon eingestiegen und saß am Steuer. Weltmann kam zum Rudern in die Mitte, während Faber vorn am Kiele saß.

Sie zogen die Hüte und winkten Waland. Dann tauchte Weltmann die Ruder ins glasklare Wasser hinab. Er ruderte gut und gleichmäßig. Bald trieben sie zur Fläche des Bergsees hinaus. Gertrud saß regungslos, vornübergeneigt, die Hände im Rücken hielten das Steuer. Weltmann hatte sein freudiges Kraftgefühl im Rudern, Faber sah ins Wasser und folgte mit den Augen der perlenden Furche, welche der Kiel des Bootes in das unberührte Wasser schnitt.

Es war wundervoll zu fahren. Überall umher spielten die kleinen Wellen im goldenen Sonnenuntergang. Eine späte, rötliche Stimmung war schon über die Berge gekommen, und oben auf den Schneefeldern glühte es tief und tiefer. — Leises, frisches Wehen strich von Zeit zu Zeit von den Waldbergen herüber

und küßte die Wangen. Die klare Urtiefe des grün-
lichen Wassers stimmte zu der Ruhe umher.

Sie hatten wohl alle eigene Gedanken. Aber ein
Tanz durcheinander, ohne Zeit und Ort, eine Hingabe
dem Nichts, weil es das Nichts ist.

Faber sah Gertruden an.

Rotes Licht umfloß das weiße Haupt. Die Züge
waren dunkel.

Als sie sich der Mitte der Wasserfläche näherten,
kam ein Lied. Sie hob aber den Kopf nicht empor,
die Stimme klang auch leise, schwach und rein, wie
halb gesprochen:

> Mich hat die späte Glut geküßt,
> Ich fühl's an meinem Munde,
> Bevor sie untergangen ist
> Zur gold'nen Abendstunde.
>
> Du hast sie unf're Sonne genannt.
> Gott ist groß und unbekannt.
>
> Nun bin ich wohl am Geiste reich,
> Am Leibe arm geworden,
> Nun bin ich wohl Herrn Jesu gleich
> Und lasse mich lächelnd morden.
>
> Die eitlen Augen sind verbrannt.
> Gott ist groß und unbekannt.

Doch reicher nur ward meine Welt
Mit holdestem Versuchen —
Nun muß ich dem, das mich erhält,
Dem Denken muß ich fluchen.

Mensch zu sein, bin ich verbannt.
Gott ist groß und unbekannt.

Und mein heißes Angesicht
Kühlen Engelshände,
Doch den Engel seh' ich nicht,
Daß ich Ruhe fände.

Aber Er hat ihn gesandt.
Gott ist groß und unbekannt.

Sie kamen dem Gebirge näher. Die Brandung war rauschender geworden. Staunend sahen sie hinauf zu der riesigen Nähe des Königs über ihnen. Von rosigen Gletschern sanken die Porphyrfelsen jäh ins schäumende Wasser nieder und bildeten unten Grotten ·von einer seltsamen, tiefen Schönheit. Aber der See war tückisch vor diesen Grotten, die Wogen spritzten jäh empor und verrieten lauernde Riffe — Gertrud steuerte sicher hindurch, und Weltmann führte die geschickten Ruder.

Sie fuhren unter eine Felsenwölbung ein, in der das Wasser ruhiger brandete. Der seichte Grund war

himmelblau, und Silberfunken spielten darüber.
Kühl und dunkel war die Wölbung. Weltmann
senkte die Ruder. Sie sahen aus dem Dunkel in die
hohe, wogende Wasserfläche hinaus und in den Abendhimmel, schweigend, ganz im Zauber des Augen-
blicks.

Wieder sang die alte Frau, aber so leise und in
sich hinein, daß die Männer es kaum vernehmen
konnten. Es klang, als wenn die Töne an der feuchten
Grottenwand zerstäubten und starben.

Endlich schreckte sie auf und griff nach dem
Steuer. Sie fuhren aus der Grotte wieder auf den
See hinaus. Die Sonne war gesunken. Nur ein
letztes violettes Glühen noch im Rande des Himmels
— über das Wasser hatte es keine Kraft mehr, das
lag dunkel und nächtig.

Sie hatten in der Grotte lange geträumt, und
Weltmann beeilte sich jetzt, mit kräftigen Ruder-
schlägen zum Steg bei Walands Haus zurückzukehren.

VII

Knirschend fuhr das Boot in den nassen Ufer-
sand hinauf. Weltmann sprang zuerst heraus und
half der alten Frau beim Aussteigen, die hierbei zag-
haft wie ein Mädchen ihm die Hand gab. Faber
hatte noch einen kurzen Blick aufs dunkele Wasser
geworfen, dann stieg auch er bedächtig aus dem
Boote.

Sie fanden Waland nicht mehr unter der Kastanie. Im Gastzimmer sahen sie Licht — er mußte sie
also dort schon erwarten.

— Speisen die Herren gleich? fragte Gertrud
unter der Thür. Sie können Wildbraten haben oder
wieder Fisch —

— Was meinst du zu Wildbraten, Faber?

— Ja, ja. Gewiß. Mir ist es gleich.

— Und Wein, Mutter! Zwei Schoppen wie heut Mittag.

— Wollen Sie nur bitte ins Gaſtzimmer gehen — es ſoll nicht lange dauern.

Faber und Weltmann gingen hinein. — Gertrud ſtand eine Weile ... dann lief ſie ſchnell, geräuſchlos die Treppe zu den Fremdenſtuben hinauf, öffnete die Thür ein wenig, ſtarrte durch den Spalt zum Bilde hinüber, das geiſterhaft im Abendlicht ſich von dem hellen Grunde hob — ſchlug wieder zu und eilte zur Küche, die Speiſen zu bereiten.

❦

Im Gaſtzimmer war ſchon gelbes Lampenlicht und eine behagliche Wärme. Waland ſaß an ſeinem Platz — die Fremden ihm gegenüber und erzählten von ihrer Waſſerfahrt.

— Hat meine Frau geſungen? fragte Waland.

— Ja, zwei Lieder. — Schön .... Sind die von Ihnen?

— Ich habe ſie früher manchmal vor mich hingeſprochen. Meine Frau hat es ſich gemerkt, und dann ſang ſie's.

— Die Grotte ist prachtvoll, sagte Faber nach einer Pause.

— Nicht wahr? Wie ein Märchen. — Von der Grotte erzählt man sich hier in der Gegend wunderliche Geschichten. Wissen Sie das? —

— Nein bitte! Erzählen Sie! rief Faber lebhaft angeregt.

— Vom Bergkönig und seiner Menschenbraut, nicht wahr? sagte Weltmann. Was für Faber.

— Die Geschichte ist uralt, erzählte Waland, indem er sich in den Stuhl zurücklehnte und mit der Hand über die blinden Augen strich. Ich hörte sie zuerst von meinem Vater. Er war nach Feierabend immer todesmatt von der Arbeit und legte sich gleich zu Bett. Ich saß dann immer auf der Bettkante. In dem kleinen Stübel brannte ein Nachtlicht — da erzählte er mir die Geschichte wohl zwanzigmal. Ich weiß noch, wie ungeduldig ich war, wenn mein Vater beim Erzählen einen Hustenanfall bekam — gerade, wenn die Geschichte am schönsten wurde.

Vor tausend Jahren soll Bergkönig ein armes Mädchen geliebt haben, so reizend wie der Mond. Sie kam einen jeden Tag vom Dorfe über den

See gerudert und suchte dann mühselig an den
Felsen Rosen und Edelweiß, um sie an den Händler
zu verkaufen, der mit den Blumen nach Deutschland
zog. — Bergkönig konnte sie nicht anders lieb haben,
als daß er ihre Augen mit wunderbarer Gewalt durch
die Wolken immer zu den Stellen hinaufführte, wo
die edelen Blumen reichlich wuchsen, und ihre
schwachen Füße die scharfen Felsenkanten sicher und
schwindelfrei besteigen ließ. Bergkönig, erzählen sie,
hatte auch einen Sohn, der ihm von der Einsamkeit
geboren war. Menschenhaß hieß er. Er war ein
schönes, goldlockiges Kind, aber die Locken wurden glatt,
und seine Züge verzerrten sich, wenn er Menschen
die Felsen hinaufklimmen sah, also auch die Edelweißsucherin. Er war zur Winterszeit geboren worden
und verabscheute die Sonne und den Frühling und
die Wesen, die von der Sonne leben und im Frühling
jung werden. Er kannte Bergkönigs Liebe. Und ihm
wohlzureden, vertraute er ihm an, die Edelweißsucherin
sei eine Wildfrau in schmutzigem Menschenkleid, die
Menschen hätten sie elend gemacht, sie sei unsterblich.
Er sprach und sprach dem König ins diamantene Ohr.
Es war zur Zeit, da er den Frühling aus der Ebene

kommen ahnte. Endlich lösten sich die Lawinen des
zornigen Königs und stürzten donnernd die Felsen
hinunter. Die Menschen zu vernichten. Das Dorf
blieb unversehrt. Schneestaub sanken die Lawinen in
den breiten See. Doch eben hatte die Edelweißsucherin
ihr Boot an den Felsen gelandet und klomm schon
jugendfroh empor. Die wurde verschüttet. Die allein.
Bergkönig weinte von dieser Zeit einen ewigen
Thränenstrom — der Wasserfall, den Sie zwischen
den Felsen sehen werden — er zürnte Menschenhaß
gewaltig, aber er durfte den Sohn der Einsamkeit
nicht töten. Endlich fand er eine Strafe. Er gab ihm
statt der goldenen Locken wirres langes Greisenhaar
und statt der seeblauen Augen blaue, zuckende Natter-
köpfe ins Antlitz, während er den schönen Jugendleib
behielt. Und auf daß er aus Rache nicht Unheil
brächte über die Menschen, durfte er die Berge nur in
Gestalt eines Geiers verlassen; sonst wurde er tief
unten unsichtbar in eine Grotte verbannt, die Grotte,
in der Sie heute gewesen sind. Aber eine Rache
hat er sich doch verschafft, der Menschenhaß. Vor der
Grotte grub er eine Untiefe in den See, und wer die
Stelle nicht sicher vermeidet und kennt, der wird vom

Strudel ergriffen und muß an den unsichtbaren Riffen
scheitern. — Geier Menschenhaß ist im Glauben des
Volkes unsterblich. — — Ich fühle . . . eben fliegt
er über den See!

Sie sahen schnell zum Fenster hinaus, in die
Nacht. Wirklich. Wie ein Schatten war der Vogel
vorüber.

— Glauben Sie wirklich, fragte Weltmann nach
einem Stillschweigen, daß die Glasschleifer so phanta-
stisch sind, die Geschichte ernst zu nehmen?

— Gewiß! erwiderte Waland. Von Grund aus
sind sie nicht geistlos — die Armut und die Ab-
geschlossenheit hält ihnen nur alles fern! Nachdenklich ist unser Volk und hat den Trieb, sich eigene
Lieder zu dichten. Weil sie die wirkliche Welt nicht
kennen, haben sie sich eine Geisterwelt zurechtgemacht.
Zu ihrem Christenglauben stimmt so etwas freilich
nicht. Hochwürden eifert im Dorfe auch gewaltig
gegen diese Wundergeschichten, die ohne die Kirche
passieren konnten. — Aber so etwas wurzelt nur dann
tief in den Menschen, wenn sie gesehen haben, daß
einer, der nicht daran geglaubt hat, zu Grunde gegangen ist. Das ist die Thorheit.

— Hat sich solch ein Fall ereignet? fragte Faber.

— Vielleicht, erwiderte Waland langsam. Das war eben mein erster Knecht — den sie gemalt haben, Herr Professor Weltmann. Das war der Konrad. Ja. Der Konrad.

— Wie kam das doch, Waland? fragte Weltmann, der ihn gern zum Erzählen bringen wollte, damit Faber den Hergang, den er selbst schon kannte, von Waland erführe. — Sie erzählten mir im vorigen Jahr davon, wir wurden aber damals unterbrochen.

— Konrad war aus Italien gekommen. Gelernt hatte er die Holzschnitzerei. Mit dergleichen Arbeit hat er sich später auch in meinem Hause beschäftigt. Seine Eltern hatte er nicht gekannt. Eine italienische Gemeinde hatte ihn aufgezogen und in die Dorfschule geschickt, dann lernte er eben sein Handwerk, und als die Gemeinde ihn endlich los sein wollte, zog er frisch und froh über das himmelhohe Gebirge nach Norden, mit fünfzig Centesimi, frostig, hungerig, aber vergnügt. Endlich kam er zu uns. Ich sah ihn noch damals mit meinen Augen, als er in unser Dorf kam. Ein Bursche von Achtzehn, blondes Haar und schwarz glühende Augen, rotbraun gebrannt, ein

Der Bergsee.   7

bißchen elend im Gesicht, seine Lumpen trug er ganz
malerisch und einen unmöglichen, zerstochenen Hut
auf den Locken. Er bettelte nicht bei uns — im
Gegenteil, wer ihm begegnete, dem lachte er mit
seinen weißen Zähnen ins Gesicht. Die Gemeinde
nannte ihn Konrad und wollte ihn zu den anderen
Jungen an den Schmelzofen in die Glashütte stellen.
Das mochte er nicht. Er ließ sich nicht zwingen,
schmiß sich an die Erde und wurde ganz wild. Aber
es war ein so schöner, behender Junge, daß wir ihn
im Dorfe behielten. Er hatte dann schließlich dieselbe
Beschäftigung wie Bergkönigs arme Braut vor tausend Jahren — suchte Erdbeeren und Edelweiß, und
Abends saß er vor der Kirche und schnitzte aus
Birkenholz ein paar steife Heilande zurecht. —

Gertrud kam mit den Speisen herein. Sie stellte
die Schüssel, Wein und alles behutsam auf den Tisch,
während Waland weiter erzählte.

— Er war fromm. — — Ganz nebenbei und
kindlich. Wissen Sie, meine Herren, so vergnügt fromm.
In seinen Augen fanden Sie Salomos Wort bestätigt:
Das Geheimnis des Herrn ist bei den Frommen.
Hochwürden im Dorf speculierten eine Zeit lang scharf

auf den armen Jungen, aber ich — darüber freu' ich mich jetzt noch — ich hab' ihm den Konrad weg-geschnappt!... Das hat er mir, glaub' ich, auch nie vergeben. Was, Gertrud? Das verzeiht er nicht!

— Ja, Lieber.

— Wie?

— Nein, nein. Er war wohl ungehalten.

— Damals grade, meine Herren — erlebten wir das — was ich Ihnen heut Mittag erzählt habe. Ich wurde blind und zog mit meiner Frau hier an den See hinaus. — Als wir nun zwei Jahre ungefähr hier draußen gelebt hatten, erschien eines Tages der Konrad bei uns und bot sich mir als Knecht an. Er rief, er hielte es im Dorfe nicht länger aus — ich sei das Einzige ohne Glasstaub, sagte er — bei den anderen müßte er ersticken, und seine Heilande gelängen ihm auch nicht mehr! — Ich wunderte mich zuerst, aber da ich eingesehen hatte, daß ich ziemlich hülflos war, und meine Frau nicht alles allein würde schaffen können, nahm ich den frischen Kerl an. Die Leute im Dorfe unten warnten ihn natürlich. — Er ist ja dann auch zu Grunde gegangen ...... wär' er nicht zu mir gezogen, dann hätte ihn Hochwürden

7*

genommen, und er könnte noch heute vielleicht als
Pfaffe am Leben sein. — Gertrud, schließ' das
Fenster, bitte ...

Sie ging hin, schloß zu, blieb aber am Fenster
stehen und starrte in die silberblaue Nacht.

— So aber hat ihn der Böse geholt, den frommen,
kindischen Jungen. Sagen die Leute! Denn sie sind
so gläubig, ... sie geben dem Bösen immer die Kraft,
den Sünder zu bestrafen, aber ihrem Gotte nie, ihn
vor dem Bösen zu bewahren! — Konrad war zwei
Jahre bei uns und sang und pfiff wie eine Drossel im
Hause, und wenn er uns auch nicht fröhlich machte,
so waren wir doch nicht einsam. — Dabei war er
merkwürdig begabt. Er hatte gar wenig gelernt —
wenn aber Fremde zu uns heraufkamen, dann staunten
sie, wie der junge Kerl abends im Gastzimmer sang,
und was er sang. Alte italienische Weisen — die
Melodien zu Gertruds Liedern. Die Worte verstanden
wir nicht, aber es klang so wild und süß. Weißt du
noch .. Gertrud .. drüben am Ofen saß er immer.

Er hielt einen Augenblick inne, bekam aber keine
Antwort.

— Er betete oft und laut, wie ein Kind. Plötzlich

bekam er auch Anfälle von Leidenschaft, fiel mir um
den Hals und küßte mich. So südlich war er, so weich,
so .... es war etwas an ihm, das außerhalb von
allem Leben stand. Etwas, das unberührt war vom
Kampf der Zeit, von Unterschieden und Fesseln. Er
hatte immer Recht mit seinem Singen. Er konnte
sich des Abends auf den Steg hinausstellen und seine
Lieder über das schwarze Wasser schmettern — wie ein
Gott und wie ein König, dem der ganze See gehört! —

Am liebsten fuhr er aufs Wasser hinaus, recht
weit, am Abend, wenn es im Hause nichts mehr für
ihn zu thun gab. Meine Frau fuhr häufig mit ihm.
— Gertrud! — Bist du nicht oft mit Konrad draußen
gewesen?

— Wie —? Ja, Waland — ein Mal — nein
öfters! An seinem Geburtstag, Waland ......

Waland schwieg eine kurze Zeit, dann fuhr er fort.

— Merkwürdig waren seine Fragen oft. Sie
haben ja auch gehört, wie ich mich manchmal ...
rüttele — wie das Vergangene in mir aufkommt,
meine Herren. Auch damals, wie ich noch jung und
aufgeregter war, sagte ich so manches und sprach mich
meiner Frau aus. Der Junge saß dabei mit seinem

Schnitzwerk, hörte zu und warf dann Fragen da-
zwischen, als wenn er eben mit der Not der Welt, in
der er lebte, garnichts gemein hätte! Ja glauben Sie
— er fragte beinah so, als ob ich ihm erklären sollte,
was ich eigentlich mit der Thorheit meinte und mit
den Unterschieden in der Welt. — Seltsam. — Er
selber war doch in Lumpen und hungrig zu uns ins
Dorf gekommen.

„Alle Menschen müßten in den Wald gehen oder
rudern', sagte er. — Warum? fragte ich ihn. — „Das
weiß ich nicht. Der liebe Gott weiß.' — Möchtest
du ein Künstler werden? fragte ich ihn einmal. Warum
schnitzest du nur Heilande? — „Warum? Weil sie
doch nachher schön sind.' — Dann wieder einmal sagte
er plötzlich: „Du bist glücklich in deine Blindheit, Herr!
Du hast das Schöne gesehen, dann bist du dunkel
geworden.' —

Allmählich lernte er mehr Deutsch — auch Lesen.
Gertrud brachte es ihm bei. Gertrud meint auch, er
hätte so wunderbar leicht begriffen. — Nicht, Gertrud?

— Ja, Waland.

— Drüben am Ofen haben sie abends immer
gesessen, meine Herren, und studiert. Wie merkwürdig

das klang, wenn der zwanzigjährige Kerl meiner Frau
die deutschen Worte nachsprach. Wie ein Schuljunge.
Und du — wie du dich fühltest als Lehrerin! Später
las er uns schon aus der Bibel vor — ganz gut und
fließend. Besonders schön klang das Hohe Lied in
seinem merkwürdigen Deutsch. Da half wohl die Glut
aus dem Süden mit.

Im zweiten Jahre, wo er bei uns war, wurde
Konrad still und sang und pfiff nicht mehr.

Meine Frau sagte mir damals er betet viel. Sonst
als Knecht blieb er tüchtig. Die Kühe waren gesund
bei ihm, das Haus war in Ordnung. Aber er wurde
ganz still. Ganz still, wie ein toter Vogel. Wenn ich
ihn fragte, küßte er mir schnell die Hand und sagte:
Lieber Herr, du siehst mir nicht! — ich lache schon! ...

An einem Sommerabend war er auf den See
hinausgefahren und kam nicht heim. Wir saßen hier
im Gastzimmer, meine Frau und ich. Als die Nacht
kam, wurden wir unruhig. Meine Frau führte mich
ans Ufer, ich rief über das Wasser hinaus: Konrad!
— Keine Antwort. Meine Frau sagte, sie sähe auch
nichts. Es war schwarze Nacht. Meine Frau war
sehr aufgeregt, sie lief auf den Steg und schrie auch

den Namen. Keine Antwort. Da band sie ein Boot los und ruderte allein hinaus! Ich wollte mit . . . aber was hätte ich geholfen. — O es war gräßlich. — Zwei Stunden blieb sie fort — denken Sie — und ich allein, in der endlosen Finsternis! — — Endlich hörte ich was rauschen. Das Boot rannte aufs Ufer. Meine Frau war ohnmächtig geworden. Ich fühlte und tastete in das Boot hinein. Da fühlte ich die beiden Körper, den warmen von meiner Frau, den kalten von der Leiche. Da trug ich sie nacheinander aus dem Boot ins Haus hinüber — und war doch allein in der Nacht . . . . Endlich kam Gertrud zu sich. Später konnte sie sprechen. Sie hatte Konrad in der Grotte gefunden. Sein Boot war auf der Untiefe gescheitert, und den Körper hatte das Wasser in die Grotte gespült. Er war ganz zerschlagen. Er war schon lange tot.

— Waland! Ihre Frau! rief jetzt Weltmann, da er bemerkt hatte, daß Gertrud, welche während der Erzählung am Fenster geblieben, die Arme aufs Fensterbrett und den Kopf darauf gelegt hatte, indem ihr Körper heftig und rasch hintereinander zuckte.

Als sie Weltmanns Ruf vernahm, fuhr sie empor: —Nein! Mir ist gut. — Er hatte noch ganz rote Wangen.

— Was ist dir? fragte Waland.   Ich erzähle
von Konrad niemals wieder. — —   Hier . . . .

Er zog ein vergilbtes Papier aus der Rocktasche —
. . hier haben Sie seine Schrift, die er bei Gertrud
gelernt hat.   Die Schrift soll gut und deutlich sein.
Es ist ein Lied . . . ich hab's gemacht . . . Gertrud
hat es dem Jungen dann diftiert . . . Später sang
er's nach seiner eigenen Weise. — Ich bin so matt
. . . erlauben Sie, meine Herren . . Gertrud? — Erlauben Sie, daß ich zur Ruhe gehe.

— Aber bitte, lieber Waland!   Man sieht es
Jhnen an, rief Weltmann, Sie sind müde.   Gute Nacht!
Und lassen Sie die alten Geschichten ruhen.

Waland lächelte seltsam: — Ich bin selber so eine
alte Geschichte.   Gute Nacht.

Auch Gertrud gab den fremden hastig beide Hände,
dann führte sie ihren Mann hinaus.

Faber und Weltmann blieben noch im Gastzimmer
sitzen.   Die alte bunte Wanduhr schlug ihre gleich-
giltigen Töne.

Plötzlich stand Faber auf:

— Weltmann!

— Ja?

— Ist es dir recht . . . dann gehn wir morgen weiter!

— Das hab' ich mir gedacht.

— Ich will dich keineswegs bestimmen! Aber offen gestanden — wollen wir morgen gehen?

— Gewiß, gewiß. Aber wohin?

— Über den Königspaß .. er soll ja frei sein.

— Gut. Und wann?

— Ach! Früh morgens! Möglichst früh!

— Du fliehst ja förmlich?

— Ja . . . ich habe das Gefühl.

Faber ging, die Hände ins Kreuz gefaltet, auf und nieder. Weltmann blieb sitzen, sah ihm eine Weile zu, dann griff er Walands Gedicht auf und überlas es. Er schwieg eine Weile. Dann gab er es Faber, der schnell damit zur Lampe trat. — Es lautete:

Der Konrad.

Lieber kleiner warmer Vogel, was lockst Du?
Fremde Botschaft fremden Lichtes.
Lieber kleiner warmer Vogel, was freust Dich?
Fremdes Lachen fremder Wonne.

Kennst Du die Nacht?

Lieber kleiner warmer Vogel, was betest Du?
Fremde Bitte fremden Gottes,
Lieber kleiner warmer Vogel, was glaubst Du?
Fremden Glauben fremden Friedens.

Kennst Du die Nacht?

❦

Weltmann erhob sich.

— Du hast in ein Märchen gesehen, sagte er. Unterschätze das nicht.

Sie gingen beide in die Fremdenstuben hinauf.

Weltmann entkleidete sich sogleich.

— Also es bleibt bei dem großen Entschluß? Bis morgen wenigstens? Über den Königspaß. — Waland und seine Frau werden sich freilich wundern.

— Glaubst du, daß sie es übel nehmen könnten?

— Nein, nein, bewahre. Nun geh' nur in deine Stube und starr' nicht immer nach dem verwünschten Bild hinauf! Wenn du im Bett liegst, wirst du dich schon beruhigen. Gute Nacht.

— Gute Nacht ... Sei nicht böse ... Das war ein merkwürdiger Tag, Weltmann! Schlaf wohl, Lieber.

Faber schloß die Thür. Sogleich sich niederlegen

konnte er nicht. Er trat noch an's Fenster und sah auf den See hinaus. Es war eine Mondnacht, und Silberwellen spielten ihr Märchen auf dem Wasser. Im Himmel zuckten tausend Sterne, und das Gebirge drüben war in schwachen Strichen sichtbar. Wie die Boote auf- und niedergingen ..... als müßten stille, große Leichen darin liegen.

Er kühlte die Stirn an der Fensterscheibe und gab sich hin. Seine Gedanken schwebten fern, weitvergessene Bilder standen zusammenhanglos nebeneinander, warm und wehevoll. Er fühlte es wie Untergang — raumlos, zeitlos. Was hatte er denn gesehen. ... Ein Märchen, sagte Weltmann. — Ein Märchen? — Aber vor seinen Augen hatte er's gehabt und mußte daneben vom Alltagsstaub — den Arbeitsmenschen — Läuten der Pferdebahn. — — Toll. Toll!

Neben ihm schlief sein Freund. Unten in Deutschland sein Mädchen .. Das träumte jetzt und grub die reinen Füßchen in das Federbett.

Weiter.

Wo lag das? — Fern über Berge und Thäler hinaus, über schlafende Länder, im Norden — wo das deutsche Meer donnert — ein altes Haus mit seiner Mutter. — — Dort war für ihn die kühlende Hand gewesen ... immer.

Fernab tönte das Wort, das Waland ihm gesagt: — Wenn Sie einmal gekreuzigt werden, dann wird es zur Erscheinung kommen. — —

Er schloß die Augen. Draußen glühte der Mond. Jetzt fühlte er, daß eine Thräne ihm wohlthätig die Wange herunterlief. Er trat vom Fenster zurück, seufzte tief und fühlte eine wehevolle Wärme. — Als er dann später im Bett lag, und junge Müdigkeit ihn überkam, da wußte er sich allmählich wieder frei von dem bezwingenden Einsamkeitsbilde, in das er sich gezaubert gefunden. Frische Kraft durchströmte ihn mit keckem Drang zum Unbekannten, zu neuen Menschen — neuer Sonne.

Ach ... Doch kein Märchen!

Gute Nacht, Kleine. Lieb. —

VIII

Am nächsten Morgen erwachte Faber gegen seine Gewohnheit früh und ohne unbehagliche Verwirrung. Die Augen fühlte er gleich frei und trocken, er setzte sich auf und sah in das junge Licht, das ihm aber trüber erschien als am gestrigen Morgen. Wie er dann im Hemd, auf bloßen Füßen zum Fenster trat und den Linnenvorhang zur Seite raffte, fand er keine volle Sonne. Der Himmel trug in farblosem Lichte die kleinen, zerpflückten grauen Wolken, die auf einen über Nacht vergangenen Regen deuteten. Das Gebirge war frei. — Er öffnete das Fenster und sog die abgekühlte Frühluft ein. Wie das wieder selig wehte und zog — bis in's kleinste Hälmchen der Wiesen hinein und über den geklärten See. Das unbekümmerte Jauchzen der Vögel lockte hinaus.

Er sah nach der Uhr. Es war noch ganz früh, er beschloß Weltmann schlafen zu lassen und auf eigene

Faust einstweilen ein bißchen in den Morgen hinaus-
zugehen. Er machte sich fertig, wusch sich, und
während er über den Waschtisch gebeugt die Zähne
putzte, konnte er nicht widerstehen, noch ein paar mal
an's offene Fenster zurückzukehren, mit der schäumen-
den Bürste im Munde, die Augen entzückt hinaus-
gerichtet. Als er endlich fertig war, schlich er auf den
Fußspitzen durch das Zimmer seines Freundes, vermied
es aber, das Bild des Konrad, welches ihm unwillkürlich wieder in den Augen war, zu betrachten, schloß
die Thür geräuschlos und stieg die Treppe herab.
Unten im Hausflur sah er die Thür des Gastzimmers
offen und Gertruden drinnen am Fenster stehen.

Eine Zeit lang war er sich nicht einig, ob er
unbemerkt hinausgehen sollte oder die alte Frau begrüßen. Er hatte die leise Empfindung, als könnte
sein frisches Verlangen wieder herabgestimmt werden.
Dann aber sah er sich plötzlich im Zimmer, und Gertrud wandte sich zu ihm um.

— Guten Morgen, Frau Wirtin.

— Guten Morgen, mein Herr. Sind Sie immer
so früh auf? Sie haben auch Recht — ganz früh ist
es am schönsten draußen.

— Ach sonst ... Herr Waland schläft wohl noch?

— Ja, er hat leider die ganze Nacht nicht geschlafen. Jetzt denk' ich, wird er endlich zur Ruhe kommen.

— Der Schlaf ist aber doch in seinem Alter so wichtig.

— Die Augen gönnen es ihm nicht, und so Mittel nehmen, davor hat er Abscheu. — Aber nehmen Sie doch Platz, mein Herr. Haben Sie gut geruht? Der Herr Professor auch?

— Ja, danke. So früh sind Sie wohl nicht immer bei Wege, Frau Wirtin?

— Doch. Nur der Mathias ist der erste wach ...

Während Gertrud sprach, sah Faber in ihren matten, dämmernden Augen, wie sie immerfort zum Fenster hinausblickte, daß sie ganz unbeteiligt war. Er schwieg eine Weile mit einiger Verlegenheit, dann zog er einen Stuhl unter dem Tisch hervor und sagte: — Sie werden müde sein ...

— Ich? ... O nein. Danke! Setzen Sie sich, bitte.

— Danke. — — Ja, das Reh — sagen Sie — das Reh ... ist das so gefangen worden?

— Mathias hat es vom Kapellenberge mitgebracht, wie es noch ganz klein war. Es hatte wohl die Mutter verloren.

— So was ist doch reizend! — Ja. — Ja nun werden wir aber heute Abschied nehmen, Frau Wirtin?

Er sah ihr in die Augen. Sie hatte sich jetzt zwar voll zu ihm umgewandt, aber Überraschung zeigte sich nicht in den starren Zügen.

— Abschied? fragte sie. Sie wollen wieder gehen?

— Ja. Über den Königspaß. Professor Welt-mann hat nicht mehr viel Zeit ... wir wollen uns auch drüben noch ein bißchen umsehen.

— Haben Sie sich gestern Abend entschlossen?

— Ja ... das kam so.

Nach einer Pause:

— Mathias können wir doch mitbekommen?

— Natürlich, mein Herr. Allein finden Sie da schlecht ... es giebt gefährliche Stellen.

Jetzt hatte sie ihn ganz in den Augen, und im Gegensatze zu vorher betrachtete sie das junge, beleuch-tete Antlitz, das ihr in freier Unschuld zugekehrt, mit

Aufmerksamkeit. Sie stand am Fenster, vorgebeugt, die Hände in das Fensterbrett gestützt:

— Werden Sie nun lange in der Hauptstadt bleiben, mein Herr?

— Ja ... ich weiß noch nicht! Ich bin mir nämlich noch gar nicht klar, ob ich wirklich Maler werde.

— Ach, wie denn — Sie sind nicht auf der Schule, wo mein Mann gewesen ist?

— Auf der Akademie? Nein, Gott sei Dank! Man kann auch so Maler werden, Frau Wirtin.

— Ja, wissen Sie das nicht? ...

Faber sah sie an.

— Ich meine — verzeih'n Sie — ich stell' mir das vor ... um so alles aufmalen zu können — so eine Sehnsucht muß man schon als Kind haben? Bei Waland soll es so gewesen sein. Aber ich glaube, es war doch anders. Der liebe Gott wollte es gar nicht. Sonst hätte er ihm die Augen nicht genommen. — Sie glauben gar nicht, was für schöne Augen mein Mann gehabt hat. So silbergrau wie jetzt, aber mehr glänzend, und scharfe schwarze Punkte darin. Damit sah er eben.

— Ich kann Ihnen das nicht so erklären, Frau

Wirtin, was für Zweifel ich habe. Die Sehnsucht, von der Sie sprechen, habe ich gewiß! Aber die geht mehr ins Allgemeine . . . . Man hat ja auch andre Ausdrucksmittel für das Große, als das Aufmalen.

— Was denn?

— Dichten . . . . Nicht wahr?

— Das hat mein Mann ja auch gekonnt. Mein Mann konnte alles. Dichten . . . Malen . . . . Sind Sie ganz allein — oder haben Sie noch Eltern, mein Herr?

— Meine Mutter lebt.

— Ja, Sie sagten gestern . . . . Wo lebt Ihre Mutter?

— Ganz oben am Meer.

— Gehen Sie doch zu Ihrer Mutter!

Sie sagte das unvermittelt, wärmer als alles zuvor.

— Zu meiner Mutter? Nein, Frau Wirtin. Erst muß ich was sein!

— Das ist der große Irrtum von uns Menschen. Man ist von vornherein etwas, und das kann man am leichtesten verlieren. Gehen Sie zu Ihrer Mutter und leben Sie bei ihr. Sie haben etwas, was nur Ihre Mutter richtig schätzen kann . . . . Gehn Sie

8*

bald zu Ihrer Mutter, mein Herr, und arbeiten Sie
bei ihr! —

Faber stand auf.

Sie sah ihn an: — Wollen Sie mir das übelnehmen?

— Nein ... Übelnehmen ... Sie haben so merkwürdige Worte. Ich sage Ihnen, es ist ein Fluch
für die jungen Menschen, daß ein schweres Wort der
Alten uns immer verwirren muß! Nur weil das
Wort aus einem langen Leben kommt. — Kann man
sich nicht grundlos quälen und hätte schon daran,
daß man sich quält überhaupt, Verdienst genug? ...
Mehr! als die Guten, die Feiglinge, die ruhig sind.

Er ging an ihr vorüber an das andere Fenster.

Sie hatte eine leichte, zitternde Röte in den
Wangen:

— Aber ich glaube doch, flüsterte sie, es ist leichter
sich frei zu denken und über seine Sünden hinweg-
zusehen, als immer zu büßen und — — — Qual
zu haben.

Diese letzten Worte klangen ganz gebrochen, still.

Er hatte keine Antwort und sah sie auch nicht
an. Ungewisse Ahnung erfüllte ihn. — Eine Spinne

stieg an der sonnigen Fensterscheibe hinauf; er folgte
ihr mit den Augen, wie häßlich sie war und die flinken,
eingeknickten langen Beine lautlos vorwärts schob.
Draußen zitterten die Kastanienfächer im lauen Winde.

Gertrud ging zum Tisch hinüber. Dort sagte sie:

— Sie kommen nun wieder in die Welt, mein
Herr? ... Es muß schrecklich laut sein. Früher —
hab' ich mich auch hinausgesehnt zuweilen. Aber
die Welt nimmt uns das Beste, was wir haben:
treu sein. — — Lassen Sie sich nicht versuchen, junger
Herr. Treu sein ist der Wert des Lebens. Waland
sagt: Im Chaos der Vergessenheit wächst die Treue
unter der Erde fort.

Da trieb es Faber, ihr sein blühendes Geheimnis
zu sagen, das sonst nur Weltmann kannte: — Ach
treu werd' ich sein, Frau Wirtin. Mich hält nämlich noch etwas anderes in der Hauptstadt fest. Ein
Mädchen ist da ...

Sie blickte ihn an, als hätte er ihre Augen in
einen längst vergangenen Frühling geöffnet —: —
Sie haben lieb? — Ja dann. — Gott segne Sie.

Weltmann öffnete die Thür und guckte hinein.
Als er Faber sah, rief er: — Du bist mir ein netter
Tourist! Läßt den Menschen schlafen und unterhältst
dich hier.

— Es war ja noch so früh . . .

— Jetzt müssen wir aber gehen. Mutter, Sie
wissen doch schon —?

— Ja, Herr Professor. Es ist so schade.

— Es giebt ja ein Wiedersehen. Können wir
frische Milch bekommen? Ach du magst keine, Faber.
Trink' nur mal — hier wird sie dir schon schmecken.

— Nein .. ich kann nicht. Lieber Wasser.

— Ich bringe ihnen Milch mit Enzian, mein
Herr, da wird sie Ihnen besser schmecken.

— Mit Mathias habe ich eben gesprochen. Er
meint, die Kühe könnte er schon allein lassen — die
versteigen sich nicht. Wie wird auch 'ne Kuh so
idealistisch sein! — Schläft Ihr Mann noch?

— Wecken Sie ihn nicht! rief Faber. Er ist
nicht wohl gewesen.

— Nein, dann . . .

— Es geht nicht, sagte Gertrud. Mein Mann

würde böse sein, wenn ich die Herren so fortgelassen hätte. Ich will nachschauen, ob er wach ist.

Sie ging. — Weltmann stieß ein Fenster auf und lehnte sich in den Morgen hinaus:

— Schön. — Ich habe eben einen verrückten Traum gehabt und bin ihn noch nicht los!

— Traum? fragte Faber zerstreut.

— Natürlich das dumme Bild in meiner Stube. Ich träumte, ich hätte es lange betrachtet, und im Betrachten bemerkte ich erst, daß der Knecht, den ich gemalt hatte, eine Krone trug — eine Krone, die ich nicht gemalt hatte. Während ich hinsah und staunte, wurde die Krone heller und größer und blitzte von roten Edelsteinen. Dann sah ich, wie die roten Steine sich aus dem Gold der Krone lösten und wie Blutstropfen langsam über das bleiche Gesicht auf die Brust niederrannen. Mir graute. Ich sprang aus dem Bett und stierte hinüber. Da hatte sich der junge Kopf in einen Totenschädel verwandelt, die hohlen Kiefer lachten, klappten auf und wollten eben reden .... Da, in der höchsten Angst, wach' ich natürlich auf und finde die Hände auf der Brust.

— Wann hast du das geträumt?

— Jetzt eben noch. Wie ich aufwachte, war es schon ganz hell. Das war gut, denn sonst in der Nacht hätte ich sicher Licht gemacht und nach dem Bilde gesehen.

✸

Gertrud kam mit den Getränken wieder. Sie sah verstört aus.

— Mein Mann ist wach, aber er will im Bett bleiben. Die Herren möchten ihn entschuldigen.

— Was ist ihm denn? rief Weltmann.

— Ach, nur etwas Schwäche. Nichts schlimmes, Herr Professor. Er hat das schon oft gehabt. Ich freu' mich nur, daß er vernünftig ist und liegen bleiben will ... M ... Ja, Sie möchten doch die Güte haben und ihm oben Adieu sagen.

— Gewiß.

Sie schwiegen und tranken. Dann erhoben sie sich und gingen mit Gertruden in die Stube der Eheleute hinauf, welche über dem Gastzimmer den Fremden-stuben benachbart lag. Gertrud ging leise zu Waland hinein. Nach einer Weile rief sie. Faber und Welt-mann betraten den matt erleuchteten Raum, in welchem sich neben anderen alten Bauernmöbeln zwei lange, rotpolierte Betten befanden. Gertrud stand neben dem Bett ihres Mannes, seine Wangen waren schlaff und zeigten zitternde Fieberröte, die blinden Augen waren halb geschlossen. Jetzt beugte Gertrud sich auf seine Brust und sagte, daß die Gäste da seien. Er fuhr ziemlich hastig empor und setzte sich im Bett auf, das bedeutende Antlitz zu den beiden hinübergewandt.

— Nun, Waland? fragte Weltmann. Wie geht's denn?

— Danke, Herr Professor. Ich bin nur etwas matt. — Sie wollen uns also wirklich schon verlassen? Ist der junge Herr auch hier?

— Ja, Herr Waland. Guten Morgen.

— Ist denn der junge Herr auch gut zu Fuß für den Königspaß?

— O gewiß, sagte Weltmann. Wir sind ja tüchtige Kerle und ausgerüstet sind wir auch.

— Sie nehmen ja den Mathias mit.

— Ich habe eben schon daran gedacht — Sie sind nicht gesund, Waland, und wenn nun der Mathias mit uns geht, bleiben Sie ganz allein mit Ihrer Frau.

— Was weiter, Herr Professor? Ich bin schon oft mit ihr allein geblieben.

— Ja, aber man kann doch nicht wissen, lieber Waland! Sie brauchen den Doktor oder sonst was. Lieber warten wir noch einen Tag, bis es Ihnen besser geht. —

— Nein, nein, ich bitte Sie! ... Nichts erregt mich mehr, als übertriebene Rücksichten ...

— Na, Sie brauchen sich ja nicht aufzuregen. Das sagt doch der gesunde —

— Nein, ich versichere Ihnen, Herr Professor — gehen Sie, nehmen Sie den Mathias mit. Morgen Abend kann er ja schon wieder zurück sein. Bitte — gehen Sie, reisen Sie glücklich.

— Also dann auf Wiedersehen. Vielleicht schon im Herbst, Waland. Nicht wahr? Im Herbst. Halten Sie sich nur gut ...

Weltmann hatte etwas unsicher und bewegt gesprochen.

— Wir wollen uns nicht auf Wiedersehen sagen, Herr Professor. Das ist wie eine Mahnung und stört den Genuß, daß man noch einmal beisammen war. Leben Sie wohl. Sie auch, junger Herr. Alles Glück ...

Faber legte seine junge zarte Hand in Walands harte Hände.

— Sie schwiegen. — Weltmann starrte dem Alten einen Moment in die blinden, schillernden Augen, wie visionär ... dann schüttelte er erwachend leicht den Kopf und sagte halblaut:

— Im Herbst komm' ich sicher. Adieu, Waland.

Er ging hinaus.

Faber folgte sogleich, sah aber im Hinausgehen noch immer in das merkwürdige Antlitz, das ihm nachblickte, wesenlos. —

Unten im Gastzimmer fanden sie den Mathias schon reisefertig, mit Stock, Rucksack, welcher den Proviant enthielt, in Kniehosen, riesigen Bergschuhen und auf dem Hütchen eine kühne Spielhahnfeder. Er sah ganz verwandelt aus, geradezu jünger und wiegte sich selbstzufrieden auf seinen sehnigen Beinen.

Sie machten sich schnell zurecht und zahlten Gertruden die bescheidene Rechnung, dann verließen sie das Haus und schritten über die duftende Wiese zum Steg hinunter, wo das Boot, welches sie über den See tragen sollte, schon fertig lag. Gertrud begleitete sie

bis an das Ufer. — Nun in der freien, sonnigen
Luft hatten sie den kranken Eindruck an Walands
Bett schon halb verloren und blickten mit nervöser
Lust nach dem fernen Gebirge hinüber, das dunkel-
blau mit schneebedeckten Kronen lag.

— Weltmann! rief Faber. Raus!!

— Jawohl, jetzt spür' ich's auch. Das Wandern
wird uns gut thun.

Mathias ging voraus, ganz keck und fröhlich und
mit einem Ausdruck in dem alten, dummen Gesicht,
als müßte er erst den Fremden das Schöne zugänglich
machen, und als verstände sich für ihn dies alles von
selbst. — Er stieg in das Boot und nahm das Steuer.
Weltmann konnte wieder rudern.

Gertrud gab beiden Gästen die Hand — dann
saßen sie schon im Boot, und das Boot glitt hinaus
und weiter in die Morgenfrische.

Sie winkten im Boot!

Gertrud stand noch draußen.

Wie schnell es sich entfernte.

Immer die beiden frischen Köpfe. Und winkende
Tücher. Dann die Züge nicht mehr kenntlich, kleiner
und kleiner. Der Professor ruderte gut. Wie wehte der

Morgenwind ihr um die alte Stirn. Sie starrte noch immer hinaus. Bald verlor sie das Boot auf der glitzernden Fläche, bald fand sie es wieder. Sie fuhren an der Grotte schnell vorüber, Mathias kannte die Gefahr. Drüben, weit drüben fuhren sie jetzt am Felsenufer entlang, bis zu der einen Stelle, wo die Landung möglich war. Hier hielt das Boot. Gertrud konnte sie nicht aussteigen sehen. Nur glaubte sie noch zu bemerken, wie das Boot ans Land gezogen und fest gebunden wurde, ganz fest. Da ruhte es nun, ein kleiner Punkt. Und die Menschen waren schon zwischen den Felsen.

❧

Einsam. —

Es überkam sie, während ihr Blick in dem Wellenspiel zu ihren Füßen zitterte. Im starren Hineinsehen schoben sich Schatten empor, taube Schatten, raumlos, zeitlos, und nahmen das Bild mit sich von den Beiden, die aus dem Leben wie letzte Botschaft gekommen waren. — Und in dem webenden Grau wollte es sich gestalten, wieder, wieder, noch unbestimmt, aber sie wußte, was es werden mußte. —

Widerstand!! Bis in den Tod. — Sie mußte sich wehren.

— In's weiße Haar griff sie mit den gekrallten Fingern. Sie wußte, daß es weiß war. — Zeit, Zeit. — Alles taube, uralte Vergangenheit. Vergangenheit. Wie Glocken. Vergangenheit. Immer wieder war die Zeit mit Geierflügeln über ihre Sehnsucht hinweggerauscht. Hin, hin. Zerrissen das liebliche Band, weil es so sündig war. Die Natur betrogen um ein Ereignis .... daß warme Kinder natürlich waren! — Und wie er es in ihren Augen gesehen hatte, den bangen Wunsch, der riesig anschwoll, da war er hinaus auf den See, in die Grotte, das arme Christuskind, um sündenlos zu sterben.

Konrad. Konrad.

Gieb mir deinen Schatten wieder, daß ich etwas küssen kann! Küssen ist Sünde? — — Aber du sagtest: Rühre mich nicht an! — Und in Walands toten Augen droht es auch: Rühre mich nicht an. — —

Wie sind die Männer hoch und rein. Wie reinlich rauscht der See. — Wie war sie sündig und gemein...

Konrad. Konrad.

Sie faßte unter die Schürze und griff und tastete

— dann ſcheu hinunter. Kalt, kalt. Todesübergangen.
— Aber der Trieb, der Trieb. Warum verblühte
das nicht. Sie wollte ihn zertreten! Wo war das!
Wo denn. Sie ſah Roſen in der Luft und Nelken,
heiße Nelken. Wiegend, wehend im lauen Frühlings-
wind. Nelken. — — Geliebter Tod. — — —

Und wenn ſie nun ſiegen würde, dann würde
das Erbarmen kommen, die Ruhe, die Waland hat!
Dann würde die Liebe kommen! Es lohnt — es
lohnt. Es war doch mehr als die Qual, die ſie jetzt
durchwühlte. — Aber das war eine Höhe! Wo Waland ſtand! O Gott. Der Maler hatte es auch em-
pfunden. Und der war ſo jung.

Blödſinniges Tigerpack!!!

Sie war doch Mutter geweſen. —

Aber ein totes Kind. —

Ein verkrüppeltes Kind. — —

Nur das Haar war ſchön. Ich will's haben.

Oh . . . .

❦

Es ſtand etwas hinter ihr. Sie that einen leiſen
Schrei und wandte ſich. Das Reh ſtand hinter ihr
und ſah ſie an, beinah mit Menſchenaugen. Da griff

sie den schmalen braunen Kopf und küßte die flache Stirn und küßte die seidenen Ohren. Heiß und trinkend. — Arme Verschwenderin. Das hübsche Tier war ganz erschrocken. Sie hatte Waland niemals auf den Mund geküßt, er reichte ihr immer die Stirn, immer nur die Stirn. — Die Lippen der beiden Gäste waren offen gewesen, frisch . . . . .

Bohrende Hölle. —

Da stieß sie das Tier zurück, daß es nahezu ins Wasser stürzte. Sie war mit einem Male kalt. Es hatte im Hause gerufen. Der Heilige, Reine, der Retter hatte gerufen. Er würdigte sie noch, nach ihr zu rufen. Sie wollte seinen Fuß auf ihren Scheitel setzen, sie wollte den Höllendrang zwingen, bis sie plötzlich tot zu seinen Füßen liegen würde. Dann wußte er . . . dann wußte er . . . . Wie brannte ihr die Haut in tausend Nadelstichen. Sie wollte den Kopf heben, aber es saß eine Eisenklammer im Nacken. Ihr Mund lächelte blöd, ihre Augen zuckten stier. So ging sie, mit jedem Schritte den Boden gleichsam suchend, ob er sich auch nicht öffnete vor ihr, langsam, hinkend dem Hause zu. Das Reh lief nach.

Waland stand auf der Treppe.

— Du bist aufgestanden?

— Ja.

— Lieber, ist dir besser?

— Das Bett ist heiß ... Wie spät?

— Waland, wenn du Fieber hast —! Ach bleib doch liegen.

— Wie spät?

— Es wird bald Mittag sein.

— Wo warst Du?

— Draußen auf dem Steg. Die Fremden sind ja über den See gefahren.

— Mir ist .... Ich bin nicht krank — aber ich fühle so wenig. Führ' mich unter die Kastanie. Da muß es doch kühler sein.

— Waland, ich möchte ins Dorf hinein und dem Doctor sagen. —

— Nein!

— Aber es ist ja nur ein kleiner Weg für ihn. Wenn er reitet —

— Ich will nicht. Mach mich nicht erst krank, Gertrud, du siehst ja — daß es mir gut geht. Bring' mich unter die Kastanie, bitte. Was für Wetter?

— Es hat geregnet in der Nacht. Jetzt sind noch leichte Wolken. Die Fremden kommen gut hinüber.

Sie saßen beide unter dem wehenden Baume. Sie hatte seine Hand in ihren Händen und drückte und streichelte die Hand und zupfte an den weißen Härchen, bis er ihr die Hand entzog.

— Willst du nicht essen, Lieber?

— Nein, ich bin satt. Ich sagte dir ja, ich fühle so wenig .... Meine Hände, Gertrud — sind meine Hände nicht zart geworden?

— O .. ja. — Ja.

— Ich muß überhaupt viel Runzeln verloren haben. Auch im Gesicht. Ich fühle eine Glätte ... Mir träumte, ich sah die Burg im Himmel von tausend Rubinen, und über der Treppe glühte ein Smaragdenthor. Das flog nach beiden Seiten auf, und aus dem Strahleninnern trat der Engel Gottes, stieg herab und an mein Bett und küßte mir die Augen auf. Er hatte Ähnlichkeit mit dir. — Da sah ich dich zum ersten Mal nach vierzig Jahren wieder ... wie damals. — Ist das nicht ein schöner Traum? — Und ich bin gar nicht traurig.

— Der Traum war schön.

— Betonst du Traum? … Es ist kein Unter-
schied. Höre nur, merke darauf, wie der Wind geht
über die Welt, so unbekümmert, so erhaben. Öffne
deinen Kopf dem Winde. Er wird dir bunte Bilder
zaubern. Alles Liebliche giebst du dir selber. Im
Hinatmen träumen wir das Leben und leben den Traum.

Ich stand einmal in Deutschland, damals, als ich
Maler war, an einem weißen Winterabend in einer
großen Straße. Viele Laternen warfen Feuer in den
Schnee. Es war zur Weihnachtszeit. Menschen hasteten,
in Pelze gewickelt, an den grellen Fenstern vorüber.
Drinnen in den Läden wogte es. Schneeflocken tanzten
im schwarzen Abendhimmel. Ich stand an einem großen
Schaufenster, den Rücken an die Eisenstange, die es
vor den Leuten schützte, gelehnt, und ließ die Menge
still an mir vorüberhasten. Viele blieben neben mir
stehen und sahen in das Schaufenster. Ich hatte damals
auf der Akademie gerade eine Vorlage … einen weib-
lichen Fuß, ein wundervolles Wachsmodell — und
war ganz in meiner Aufgabe und hatte den Fuß
immerfort vor Augen. So stand ich und verglich
und starrte den Frauen, die vorübergingen, immer nach

9*

den Füßen. Die kleinsten, aber häßlich in Modestiefel gezwungen, Unnatur — hatten leichte Mädchen — du kennst das nicht — in den Städten giebt es öffentliche Wesen, verstehst du, wie die Lina Bär, oder auch weniger „sündig" — Geschäftsmädchen und Maler-Modelle. Sie sahen meine Blicke und rafften im Gehen, ohne zu erröten, die Kleider noch höher hinauf. Ich stand. — Da kam ein junges Mädchen aus seinem Hause daher, ein schönes, frisches Gesicht unter dem Sammetbarett und schlanke Griechenformen in einer hübschen Pelzjacke. Es fiel mir auf, daß sie lahm ging. Sie hinkte auf einem kurzen Fuße. Aber auch der kranke Fuß war reizend in dem feinen Lederstiefel. Nicht weniger schön war der Fuß als mein Modell, und dann so rührend hülflos. Ich konnte nicht hin-sehen .... denn wär' sie errötet, so hätte ich mich erschossen. — Nun. — Sie stützte sich auf die Eisen-stange, an der ich stand, sah flüchtig in das Schau-fenster und ging auf dem gefährlichen Schnee dann mühsam, anmutig weiter. Leichte Mädchen aus den Geschäften — solche, von denen ich eben sprach — be-gegneten ihr, und kaum, daß sie vorüber war, sahen sie sich um nach ihr und flüsterten miteinander, daß

sie es hören mußte: Die ist ja lahm. — Aber ein
Dienstmann, ein dicker, versoffener Mensch, ging still
an ihr vorüber — dachte vielleicht an Schnaps, den
er trinken wollte, aber er verletzte sie doch nicht mit
seinen Blicken.

— — Das war merkwürdig, Gertrud. — Ich
weiß nicht, ob du es empfindest . . . .

Gertrud saß eine Weile neben ihm und hatte mit
summenden Ohren die geringe Erzählung gehört, die
er halblaut vorgetragen hatte. Als sie nach einer
Weile zu ihm hinüber sah, bemerkte sie, daß er langsam einschlief und die Augen schon halb geschlossen
hatte. — Da eine warme Luft unter dem Baume ging
und kein Regen zu erwarten war, ließ sie ihn in
seiner Stellung schlafen, erhob sich lautlos und ging
in das Haus.

IX.

Gegen Abenddämmerung, als er erwachte, rief er nach ihr.

Sie eilte zu ihm hinunter.

— Jetzt ist mir leichter, Gertrud. Ich habe eine Bitte. Ja?

— Lieber — was denn?

— Wir wollen heut Abend nach der Kapelle hinaufgehen.

— Nach der Kapelle?

— Ja.

— Der Weg wird dich erschöpfen.

— Nein. Ich will.

Er stützte den Stock in den Boden und erhob sich.

— Soll ich dir nicht deinen Hut holen — oder die Mütze?

— Nein, Gertrud. Man geht da mit bloßem Kopf hinauf.

Es war ihr seltsam, unklar, dieser plötzliche Wille. Zur Kapelle hinauf und mit ihr. Aber er sprach in starkem Verlangen — zum ersten Mal nach Jahren, daß er mit ihr ein Gotteshaus aufsuchen wollte. Beichten konnte er oben nicht. Und sie waren ja auch nie zur Beichte ins Dorf gegangen, so daß der Pfarrer sie schon öffentlich getadelt und sie aus der Gemeinde auszustoßen gedroht hatte.

Sie beugte sich nun seinem Entschlusse mit der Demut eines Kindes, das in allem eigenen Willen ausspricht, und sobald nur eine Entscheidung vom Erwachsenen ausgesprochen, dieser schon als selbstverständlich nachkommt.

— Ist die Sonne schon weit unten? fragte Waland.

— Nein, es wird Sechs vorüber sein.

Sie verschloß noch rasch die Hausthür und sperrte das Reh in den Stall, dann nahm sie seinen Arm und führte ihn einen kürzeren Weg, den die Fremden nicht gekannt hatten, hinter dem Hause über die Wiese in den Wald hinauf. Auf der Wiese, welche schon im Abendgolde wehte, rupften die beiden Kühe duftende Gräser ab und sahen die alten Leute langsam heraufsteigen.

Gertrud hatte die Augen starr zu dem dunkel-
grünen Lärchenwald hinauf — Waland ging leicht
gebeugt an ihrem Arm, die toten Augen auf die
lebendige Erde gerichtet. Aber das Vogelgeflüster im
nahen Walde war ihm doch neu und erregend. Er
lauschte, während kleine blaue Falter aus dem auf-
gestörten Grase ihn umspielten.

— Sind wir bald oben? fragte er. Das Steigen
fällt mir doch schwer.

— Der Wald kommt gleich. Du mußt es schon
kühler finden?

— Ja. Jetzt. Ich habe auch mehr Schatten in
den Augen.

Sie traten unter den duftenden Nadelwald und
gingen jetzt ohne Steigung. Über den Lärchen glühten kleine Himmelslücken abendrot und übergoldeten
die Wipfelspitzen. Arme Nelken gaben rötliche Tep-
piche unter die geschwungenen Farrenkräuter. Es
lebte und bewegte sich von spielenden Insekten. Tief
summte die zottige Hummel im Busch und feine
Quellen über Moosgestein lockten ihrem Munde nach-
zugehen.

Am Wege bückte sich Gertrud. Erdbeeren hatte

sie entdeckt, welche die glühenden Köpfchen wie ver-
schämt zur Erde bargen. Sie führte die reifsten
Früchte an Walands Mund.

— Was hast du? fragte er.

— Erdbeeren. Iß.

— Danke. Du mußt auch essen.

— O Spielerei.

In einer Lichtung erschien jetzt die Kapelle.
Unten lag der See, und drüben das ganze blaue
Bild der Berge.

— Wir sind wohl da? fragte Waland. Jetzt
erinnere ich mich wieder. Schließ auf, Gertrud.

Er lauschte, wie der Schlüssel im Schlosse knarrte.

— O wie kühl ist es da drinnen. — Wir wollen
uns auf die erste Bank setzen.

Sie gingen über die kalten Fliesen und setzten sich
vor dem Muttergottesbilde nieder, dort, wo Mariä
Worte an den Pilger hingen.

Waland legte die breiten Hände in den Schoß
und dann die Stirn darauf. Gertrud blickte auf ihn
nieder, regungslos. — Nun sagte er: — Lies mir
etwas von Mariä Worten. Ich bete nicht.

— Meine Augen sind schwach, Lieber. Es ist dunkel. Ich kann nicht alles lesen . . .

— Was du lesen kannst.

Und sie las: — Du kommst eben recht zu mir. Sieh mich an, wer ich bin. Wer ist neben mir. Ich bin eine Mutter zu dir. — Ich verlasse dich nicht. — — Nur eine . . nur eine Seele hast du. — Hernach wird's ewig. Es wird ewig! — — — Von Gott . . von Gott fallen thut wehe . . . In einer Sünde . . Sünde leben . . ist . . gefährlich. Darin sterben ist . . . . schrecklich —

— Kannst du nicht weiter lesen, Gertrud? Du atmest so schwer!

— Deine Kreuze . . sind deine Schätze! — — Du . . Du hast große Sorgen. Aber Gott . . . will es so haben. Er . . hilft dir tragen . . Hilft dir tragen —

— Mein Gott hilft mir tragen, sagte Waland.

— Nur deine Seele laß' nicht im Stich! . . . . . . Ich kann nicht mehr lesen, Waland, es ist zu kraus geschrieben . . . . . Und merke dir . . . Merke dir das Wort: Ewig! — —

— Gertrud! Ich bete an.

— Ja? . . . Den Herrn Jesus? . . .

— Uns beide. Ewig. Gertrud, wir beide werden ewig sein.

— Ich verstehe dich nicht ...

— Glaubst du an das Ewig?

— Ach Lieber ... Ich hätte geglaubt ...

— Was?!

— Nein. Nichts.

— Was?

— Du hast — ich trag' es dir nicht nach — aber du hast mir das Wort zum Worte gemacht! Ja, Waland. Ich habe doch schließlich nur gelernt! Lieber ... ich kann nicht groß sein. Ich — kann nicht an mich selber glauben. Verachte den Glauben nicht, der anerzogen wird — du verachtest dann so viele tausend Menschen. Weil wir eben nichts begreifen, rein gar nichts auf der Welt, darum müssen wir ein Wesen denken können, ein Wesen, das begreift.

— Denke dich selbst. Du kannst nichts anderes denken. Und zweifelst du an dir .... Dein großer Zweifel ist dein großer Glaube.

— Aber die vielen Menschen mit dem kleinen Zweifel, Waland? ... Die Schleifer unten? — Die brauchen im Himmel ihren Gott.

— Haft du kleine Zweifel?

— L'aff'. — — Sie sagte es ganz tot: — Ich bin natürlich klein .... Du bist mein Großes!

— Christusfrau.

— Nein!! Nein ...... O gar nicht. — —

— Es ist so frei hier oben. Fühle dich doch auf deiner Höhe. Wir beide sind allein. Ich sehe einen glühenden Felsen, Gertrud. Oben sind wir — unten kreisen die Wünsche ..... Gieb mir deine Hand.

Sie stiegen in den Abend nieder.

X.

Ein Komet war in die silberblaue Nacht gestiegen — ihn ehrten schweigende Millionen Sterne. Der Äther brannte kühl. Der See lag wie Vergangenheit.

Im dunklen Raume ruhte Waland ausgestreckt auf seinem Lager, die Augen offen, fahl im unbestimmten Glanz der Sterne. Die Nacht trug ihre Düfte von den Wiesen durch das offene Fenster ein, und Gertrud kniete neben dem Bett des Kranken. — Sie neigte von Zeit zu Zeit den alten Kopf auf seine flache Brust und lauschte nach den matten Schlägen. — So friedlich war sie und so rein geschäftig. Sie fühlte sich völlig hingegeben einer höchsten Pflicht, und ehrte ihre eigenen Hände, weil sie kühl und duftig waren von Weltmanns Veilchenseife und ihm angenehm.

So schwebte die Nacht durch stumme Stunden hin, und Gertrud wußte nicht, ob Waland schlief. Er blieb so regungslos. Wie edel war die Stirn, und wie gefällig lag das graue Haar darüber.

Sie fühlte ein goldenes starkes Band zu ihm, die Augen fast an seinem Throne. Jahre zogen wie Secunden in das Nichts. — Sterben? — Das war wesenlos. Sie fühlte sich tot mit ihm und lebend. Laues Fließen der Vergessenheit. Ohne Blut und Sonne. Wie hatte sie das ersehnt. Wie schön bekämpfte das die Sünde. — —

Das Hemd war ihm vom Nachtwind aufgeweht .. sie bückte sich und legte die Lippen auf seine warme Brust. Wie Urquell wob es sich dabei aus ihrem Herzen:

— Lösche mich. — — Lösche mich. — — — Konrad hat mir dein guter Geist genommen.

Da wachte er.

— O störe nicht ... Es hat so süß gesungen. Weißt du? Es giebt keine Welt! Es ist Täuschung! Meine Augen haben Recht!

— Lieber, hast du geschlafen?

— Ich flog auf einer Rosenwolke ... der Himmel

war endloses Gold. Weiße Tauben haben mich gezogen. Ich fragte die Kleinen: Wohin? — Da
sangen sie: Gleich! Sieh nur scharf zu! Wir sind
dein letzter Irrtum. — Ich flog noch ... flog noch
... aber die Tauben .. Tauben wiegten schon fern
— und plötzlich fiel ein warmer, küssender Tropfen
mir auf die Brust. — — Gertrud, wir gehen über
Millionen Jahre hin und lachen neue Sonnen in die
Luft. — Mein Herz läuft durch den Körper. — —
Licht?!

Er setzte sich auf.

— Sei ruhig. Es wird bald Morgen sein.
Lieber, nun bitte ich dich um eins: Laß' mich ins
Dorf gehen und den Doctor rufen. Du schläfst daweil.
Ich bin ja bald zurück.

— Ich bin nicht krank. Ich bin ja eben gesund
geworden. Ich sehe ja! — Du kommst zu mir auf
den Berg — und hast die rote Sonne im Haar — und
bringst mir Gläser zum Bemalen? ... Soll ich das
Tulpenmuster nehmen? ... Ist die Brille häßlich?! —
Liebe, wir werden ja Gott schauen! Selig sind, die
— — Wir haben die Kraft zum eigenen Gesetz gehabt!
— Flieg' auf mit mir.

— Waland ... Laß' mich gehen!! Den Doctor rufen.

— Ich nehme deine Hände. Gieb mir. So. Ich trage deine Hände auf mein Herz. Nun kommt mein Gebet. Mein Gebet. Sei gesegnet. Sei gesegnet im Urgedächtnis. Wie tief bin ich unter dir. — Aber Eins mußt du mir glauben, nur das Eine: Ich bin dir treu gewesen.

— Oooh!! . . . .

— Du warst wie ein seltener Vogel bei mir. Engel, der nur ein Mal lebt. So hab' ich dich geehrt. — Liebe, ich betrog dich doch ... Ich mußte dich betrügen. Denn wer so ehrt, wie ich dich ehrte . . . . der hat dich nie geliebt.

— Daß du lebtest, war mein Leben! Vernichte mich jetzt nicht: Du wirst leben!

— Im Unglück habe ich dich gefesselt. Hätt' ich dich auch gefesselt im Glück? — — Weil es Nacht war vor dir, darum fühltest du auch meine Nacht. Damals. — Du nennst mich groß, und bin doch im Innersten faul. Du bist groß, denn du bist still geworden. Wären meine Augen nicht tot ... du hättest nie das Geheimnis gefunden, das dem Weibe sagt, es wird den Mann empfangen. Die Sünde ist ein verstoßener Engel des Herrn. Ich machte dich elend, weil ich dich ehrte.

— Keine Schuld bei dir. Keine Schuld bei dir.

— Abschied .... Ich möchte hinter den Abschied sehen. Es ist fürchterlich zu denken — daß nichts mehr zu denken sein wird.

— Waland soll ich ... den Pfarrer holen?

— Küsse mich. Nicht auf die Stirn ... Küss' mich doch.

Er führte mit zitternden kalten Händen ihren Kopf zu sich heran, und sie fühlte die erste, leise, schaudernde Berührung der Lippen. Und es quoll auf in ihr — endlich, brausend, überstürzend, und ihre Lippen preßten sich in seine Lippen, voller, wilder, endlich wütend, daß es wie Feuer in ihn hineinfraß. Da fühlte sie ein Zucken — — er riß sich los von ihr! Aufstarrte sie in seine schillernden Augen. Es lebte darin wie fremdes Entsetzen. Er sah! Er mußte sehen! Die toten Sterne wurden feucht ...

— Du!! schrie sie. Ich hab dich jetzt lieb!! —

Zwei Thränen lösten sich aus seinen armen

Der Bergsee.   10

Augen, die langsam in die Lider brachen. Dann sank
er zurück und war tot.

Über dem Hause flatterte der Geier und fegte jetzt
am Fenster hin. Er stieg bald höher in den blauen
Morgen.

Sie stand über der Leiche. Stein. Sie fühlte
keinen Boden unter den Füßen.

XI

Sonne hatte sich zu glühendem Mittag empor-
gehoben — Gertrud blieb über die Leiche gebeugt.
Sie sprach zu ihr. Sie streichelte die kühlen Wangen
und strich mit zitternden Fingern sein feines Haar
zurück. Daß es aus war — — das war ihr unfaßlich,
kaum daß ein Gedanke daran in ihr Hirn gedrungen
war. Sie fuhr fort, ihn staunend zu betrachten und
still bestrebt, den heiligen Schläfer schlafen zu lassen.

Denn sie wußte sich gar nicht auf festem Boden
mit ihm, gar nicht in dem stillen Bergseehause. Die
Rosenwolke, von der er ihr gesprochen, trug sie jetzt
mit ihm durch alle Unendlichkeit, und sie hörte die
weißen Tauben.

Dann aber ... dann kam Bewußtsein. Grauer,
wolkiger, irdischer senkte es sich in den armen Kopf.

10*

Sie zuckte. Langsam prüfend, fragend, die Unterlippe zurückgeschoben, näherte sie sich dem Toten und tupfte an die halbgebrochenen Augenlider. Schüttelte den Kopf. Sah wieder hin. Schneller, gräßlicher. Dann kam es von allen Seiten! Tausend blutlose Hände der Verlassenheit. Zupften an ihr, griffen sie hart an — sie guckte stier umher, schnell, gequält, es war ihr, als drehe sich ihr Kopf im Kreise. Hammerschläge rissen ihr in's Hirn. Sie wich zurück von dem stillen Bett — die Hände starr nach hinten getastet. Allein — totsündig und leben. Er war himmlisch und tot.

Da kehrte ihr die Kraft zurück wie nach hunderttausend Jahren. Sie konnte schreien, Feuerthränen lösten sich aus ihren Augen. So stürzte sie über ihn.

Unendliche Zerstörung. Er war tot.

Gram. Und draußen pfiffen die Vögel. —

Da sprang sie auf und irrte im Zimmer umher wie eine geängstigte Maus, die eben die Falle klappen gehört. Immer wieder zum Bett und dann zum Fenster. Zum Fenster und zum Bett.

Mathias! — Mathias! — Aber Mathias war mit den Fremden.

Sie hatte so Angst ... so furchtbare Angst. Wie starr er lag. Sündig gestorben. Jetzt war sein Einfluß tot, und der alte, eingetränkte Glaube peinigte den armen, verwirrten Kopf. O hatte sie Angst. Sie hatte ihn sündig sterben lassen. Auf ihr lag die Verdammnis, sie hätte den Pfarrer rufen müssen, den Pfarrer — er war sündig gestorben. Was weiß der Mensch. Vielleicht war doch der Glaube über allem. Glocken, Glocken. Auf ihr lag die Verdammnis. — Sie irrte umher, und stieß sich die Stirn an den Wänden wund. — Sollte sie noch zum Pfarrer. Nein!! — Der war so heilig. Konnte ihn der dicke Lügner heiliger machen? .... Sie war noch allein mit ihm. Sie wollte noch bei ihm bleiben. Noch bei ihm! — Aber er hatte sie ja verdammt. Sie stürzte ... stürzte .....

Und war doch nur warm Blut gewesen. Wer warf den ersten Stein auf sie? Der Blinde in seiner toten Welt? —

Konrad!! .... Doch nicht. Doch nicht. — Ehebrecherin! — Gott, war das schmutzig.

Schlaf', schlaf', du Engel. Wo ist das Holzbeil. Wo ist das Holzbeil. Unten im Stall. Hinunter.

Die Treppe muß sie hinunter. Aber gleich. Die
Treppe ... Da stürzt sie schon, das alte Wesen, und
schlägt sich die Kniee auf. Aber das Holzbeil. Sie
schleppt sich in den dunklen Stall. Sieht auch das
erschrockene Reh und rennt es über den Haufen, daß
es jammert. Aber das Holzbeil. Sie hat es. Die
Treppe klettert sie hinauf, mit den Händen zieht sie
sich an den Geländerspeichen empor. Sie steht in
Weltmanns Stube und stürzt mit dem Beil in Konrads
Bild hinein! Klaffende Risse schlägt sie in die bemalte
Wand, und nieder rieselt der Kalk — bis alles unkenntlich. Sie schlägt sich Ruhe. — — Dann hält sie
inne, dann wird sie matt, und ferne Gedanken um-
wehen sie. Willenlos wendet sie sich von dem zer-
störten Bilde zur anderen Wand hinüber, zu dem armen,
reichen Christusbilde. Sie bricht in die Kniee —
glühende Röte im Gesicht. Das Beil ist im Bilde
haften geblieben.

Dann steht sie endlich wieder auf den Füßen
und geht hinaus mit einem letzten Blick noch auf das
Kreuz — sie geht jetzt, wie zu einem großen Werke.
— Nun steht sie wieder bei der Leiche.

— Schlaf', flüstert sie. Ich muß büßen. —

Behutsam tritt sie zurück und pflückt von den Nelkenstöcken am Fenster alle roten Blüten ab. Die legt sie in Reihen sorgsam auf das Kissen um den kleinen Kopf der Leiche. Und schon verwirrt legt sie auch Weltmanns Veilchenseife, die sie immer in der Tasche getragen, auf die stille Brust. Sonst weiß sie keine Pflicht. Kirche, Grab — sie weiß von Nichts. Aber die armen Augenlider drückt sie zu und lächelt über seinen tiefen Frieden. — — Sie nahm auch seine Hände und faltete die starren Finger ineinander.

Nun lag er schmal und hager ausgestreckt im Bett, als hätte sich eine reine, schläfernde Hand ihm auf die Stirn gelegt. Die Mundwinkel so tief herabgezogen in Andacht, als wollte er sagen: Jetzt bin ich in Ruhe. Mir nach! Bald! — Die Augen schlossen sich fest hinein, als hätten ihnen die Lider kein Hindernis. . . .

So stand sie über ihn gebeugt und nickte leise. Dann zog sie die Schuhe von den Füßen und stellte sie in einen Winkel der Stube. Die Fenster öffnete sie weit, daß Frühluft über die Leiche zog, dann aber blickte sie nicht mehr nach ihm und schlich, den Zeigefinger vor den Mund gelegt, mit starren Augen lautlos wie aus einer Kirche.

— Bald stand sie unten vor dem Hause ... die Hände über die Brust gekreuzt. — Ein Gewitter wehte ihr scheu entgegen.

Der Himmel lag in krankem Schwefelgold, der See war glattgestrichen wie schwarzes Glas. — Über die Waldberge stieg das Wetter her. Die lagen flach und grau, unkenntlich in den Bäumen, die Wiesen müde und bewegungslos. Jetzt kam der Donner näher — helles Knattern bald, das in die Eingeweide riß, bald ein entrüstet tiefes Brüllen. Blitze schlugen ihr fahles Licht hinein. Gertrud suchte sie mit irrem Auge und fand sie nur noch im Verzucken. Der See erhob sich bald zu wütender Bewegung. Auf und nieder sprangen die Boote am Steg, und es wurde Nacht. Da löste sich denn der Regen und knallte auf das Wasser nieder. Grau in Grau war alles. Gespenstisches Schwanken, alle Formen durcheinander. Oben brüllte die Natur, und jähe Bilder, anders, fremd, erschienen in den Blitzen. Donner, Donner.

Jetzt regte sich die bleiche Frau da vor dem Hause.

Das weiße Haupt tief auf die Brust gesenkt, vom
Wetter umleuchtet, geht sie zum Steg hinunter, wo
die Boote tanzen. Donner. Da stand sie auf dem
Steg und setzte die nassen Füße in das Boot hinunter.
Unbekümmert löste sie die Kette — und plötzlich flog
das Boot mit ihr über die empörten Wellen in das
Nichts hinaus. Wolken rollten über das Wasser.
Blitze rissen furchtbar nah und gaben ihr Schwefelgelb
in das weiße, aufgelöste Haar des Weibes. Sie saß
so tief gebeugt im Boot und trieb und trieb .... Es
war ihr warm. Wasser umstürzte sie über und über.
Aber ihr war warm. Schlangengleich klebte das nasse
Haar an ihren bleichen Brüsten. Sie fühlte nichts
Trockenes mehr. Donner ... Sie träumte weitab. —
— Jetzt fliegt das wilde Boot dem Strudel vor der
Grotte zu. Und es beginnt sich zu drehen. Wie ein
Kreisel ... immer wieder um die Axe. Immer wieder.
Und innen sitzt die taube Alte. Immer tiefer sinkt
der verwehte Kopf. Immer ferner murren die Donner,
fegt der Wind.

Das Wetter geht vorüber.

Schon hebt ein neues, lichtes Grau den Wolken-
himmel aus dem Wasser, und in den Schleier bricht

die Sonne einen silberhellen Kreis. — Aber das Boot
dreht sich im Kreise . . . .

Bald kippen die kalten Wellen über und füllen
es rauschend an — sie werden es bald begraben. Was
träumt denn die Alte . . . Sie hockt, den Kopf auf
den Knieen, unkenntlich von Nässe und Wind.

Da ruft es drüben vom Felsenufer her! Erst
fragend — dann sicher — dann entsetzt. Ein Mensch
steht da — er hat das Boot erkannt, dann hat er die
Frau erkannt. Es ist ein alter Mann . . . Mathias,
der vom Königspaß zurückgekehrt. — Er starrt hinüber wie ein Kind und weiß nicht, wie er helfen soll.
Dann endlich kommt ihm die Besinnung. Er reißt
sein Boot vom Pflocke los und rudert rasend schnell
zum Strudel hinüber. Jetzt ist er nahe. — Wirklich!
Heiliger Gott, das ist doch Walands Frau! — Aber
Frau! krächzt er. Aber Frau!! Was soll denn —!
Er reißt mit seiner Bauernkraft das Boot aus dem
Strudel zu sich herüber, — jetzt hat er sie — sie
lebt ja noch — sie lebt — wie ein gefangener Karpfen
öffnet sie den Mund und schließt ihn wieder. Er legt
sie lang auf seine Kniee und wärmt sie mit seinem
Rock und jammert. Er kann ja nichts begreifen. —

Aber Jesus, Jesus ... warum denn bei dem Wetter
— aufs Wasser — aber Jesus! Frau! Was wird
denn Waland sagen! ....

Da bebte der sterbende Mund. Blut und Wasser
quoll über die Zunge — hinter den geschlossenen
Lidern drehten sich die Augen. Mathias rieb die
eisigen Brüste wund, er rieb und stöhnte kindisch
immer wieder: — Jesus, Jesus ....

Dann fühlte er plötzlich, daß sie etwas sagen
wollte.

Rasch legte er das Ohr auf ihren Mund.

— Konrad! ... hörte er.

— Was — —? Aber Frau! Warum denn bei
dem Wetter!

— Ich habe mich geschämt.

Ende.